中国道路 与 世界之问

总主编 · 陈 晋

中国特色社会主义道路是怎样的道路

张学兵 ◎ 著

图书在版编目（CIP）数据

中国特色社会主义道路是怎样的道路 / 张学兵著 . --北京：五洲传播出版社，2022.12

（"中国道路与世界之问"丛书 / 陈晋主编）

ISBN 978-7-5085-4558-5

Ⅰ.①中… Ⅱ.①张… Ⅲ.①中国特色社会主义－社会主义建设模式－研究 Ⅳ.① D616

中国版本图书馆 CIP 数据核字 (2022) 第 183762 号

"中国道路与世界之问"丛书

总 主 编：陈 晋
出 版 人：关 宏

中国特色社会主义道路是怎样的道路

著　　者：	张学兵
责任编辑：	邱红艳
装帧设计：	北京青心见画文化艺术有限责任公司
图片提供：	新华社　中新社　视觉中国
出版发行：	五洲传播出版社
地　　址：	北京市海淀区北三环中路 31 号生产力大楼 B 座 6 层
邮　　编：	100088
发行电话：	010-82005927，010-82007837
网　　址：	http://www.cicc.org.cn　http://www.thatsbooks.com
承　　印：	中煤（北京）印务有限公司
版　　次：	2023 年 1 月第 1 版第 1 次印刷
开　　本：	787mm×1092mm　1/16
印　　张：	11.5
字　　数：	120 千字
定　　价：	58.00 元

前言

进入21世纪之后，随着中国的蓬勃发展，各类冠以"中国"字样的事物和现象，如"中国经验""中国速度""中国奇迹""中国智慧""中国精神""中国力量""中国方案""中国模式"等，时时响于耳畔、形诸笔端。中国人民过上了千百年来梦寐以求的小康生活，日子过得越来越红火。2010年，中国成为世界第二大经济体，并日益走近世界舞台的中央。对中国的内部变化和中国产生的国际影响，喜欢也罢，不喜欢也罢，有识之士都不可能等闲视之。有两位西方教授生造了一个新词汇：Chimerica，有人汉译为"中美国"。他们想借这个词表达什么、期待什么，我们暂且不论，但不得不说，越来越多的人喜欢把中国与美国这一世界头号强国相提并论。中美两国的关系，已经成为世界上最重要的双边关系。中国的实力，无论"硬实力"，还是"软实力"，或许还要加上一定的"巧实力"，每每引起关注和热议。甚至有人说21世纪是中国的世纪。

时针往后回拨一个多世纪，1900年，按照中国皇帝年号纪年，是光绪二十六年；按照公元纪年，中国进入了20世纪。这一年，八国联军攻占首都北京。这段屈辱和令人心痛的历史，铭刻在了民族记忆的深处。时间过了90年，1990年4月，在当时的特定背景下，邓小平同外宾谈话时还深有感触地说道："当我听到西方七国首脑会议决定要制裁中国，马上就联想到一九〇〇年八国联军侵略中国的历史。"可以说，20世纪初，展现在中华民族面前的，似乎只是一段苦难的历程，一个悲惨的世界，看不到辉煌，盼不到富强。无论国人还是外国人，恐怕都难以设想，也就一百年左右的时间，走过"站起来""富起来""强起来"沧桑历程的中国，竟有这般的出色和特色。

是什么造就了从苦难到辉煌、从贫弱到富强的百年巨变、百年反差呢？显然，其间凝结着无数人的探索、奋斗和牺牲，他们流汗、流泪、流血，呈现了一幕幕或雄壮或悲壮的历史活剧。有一个群体，共同的名号叫共产党人，他们一群群、一代代，沿着前人的足迹，不改初心，不走老路，开创新局，敢闯新路，带领中国人民走出了一条特色鲜明、影响深刻的建设、改革、发展之路。

这条路，或称中国道路，或称中国特色社会主义道路，它是怎么孕育、如何演化的？有哪些构成要素？有哪些特色和优势？办成了哪些大事喜事难事？对国内国外产生了哪些深刻影响？等等，这些问题，值得人们去回顾、品评。本书侧重从历史的角度，从某些方面管窥这条道路的神韵之一斑。

目录

第一章　没走通的路

- "数千年未有之变局"...13
- 农民英雄的天国梦想...16
- 洋务派的"自强"和"求富"...20
- 维新派的"变法"...25

第二章　革命之路

- "救中国独一无二之法门"...31
- 辛亥革命...33
- 新民主主义革命...38
- 社会主义革命...46

第三章　曲折的建设之路

- 探索建设之路的良好开端...55
- 探索中的严重曲折...57
- 不能再走的"老路"...62

第四章　杀出一条血路来

- 饥饿引发的变革 ...71
- 划出一块地方搞特区 ...76
- 允许新的经济成分发展 ...81
- 开始找到建设中国特色社会主义的道路 ...85

第五章　中国特色社会主义道路的宏观历程

- 中国特色社会主义道路的开创 ...91
- 中国特色社会主义道路的坚持、发展和拓展 ...94
- 中国特色社会主义道路越走越宽广 ...102

第六章　中国式的现代化道路

- "三步走"现代化的战略部署及其丰富 ...109
- 小康社会"全面建成" ...114
- 成功推进和拓展了中国式现代化 ...126

第七章 社会主义市场经济之路

- 对政府（计划）与市场关系的认识不断深入 ...141
- 社会主义市场经济体制的特征 ...148

第八章 创造奇迹之路

- 经济快速发展的奇迹 ...159
- 民生改善的奇迹 ...164

第一章
没走通的路

中国特色社会主义道路，是在1840年鸦片战争以后历史演进的大背景下，由中国共产党领导人民开创的，但1840年以后关心中国"走什么路"，并为"探路"不懈努力的，除了共产党，还有许多先行者前仆后继上下求索。可是，由于没有找到科学的理论，正确的道路和可依靠的社会力量，他们一次又一次地失败了，无数仁人志士为此而抱恨终天。在探路之旅上，共产党人是后来者、接力者、集大成者，是中国共产党为中国人民找到了出路。

"数千年未有之变局"

到鸦片战争前夕，统治中国的清王朝已延续近200年，经历表面繁华的"康乾盛世"之后，已经危机四伏，呈现一派历史上不断上演过的王朝末世景象。官员腐败，经济没有活力，百姓生活困苦，官民矛盾严重，民变此起彼伏。1813年，在北方起事的部分天理教徒，在宫廷内部人员的接应之下，居然一度打入了紫禁城。看似强大的清王朝，连号称"大内""禁城"的最高统治者的居所和办公地，管理和护卫竟也是这般的散漫，漏洞百出。这个时候，嘉庆皇帝正在热河围猎，获悉这一事件后，震惊之余，也难免尴尬，他感叹说："从来未有事，竟出大清朝。"

"从来未有事"，当然不只内忧，更有外患。

鸦片战争以后，以英、法、俄、德、美等为代表的大大小小的西方列强，再加上后来号称"脱亚入欧"的日本，他们要么前后脚，要么联袂而来，屡屡入侵中国。中国的国家权益不断受到损害。

国土大面积沦丧。比较起来，沙皇俄国为害最大，单19世纪50年代后期，就从中国夺取一块等于法国、德国两国面积之和的

英国随军画师所绘中英签订《南京条约》时的情景

1840年6月,英国发动了侵略中国的鸦片战争,用舰炮轰开了中国的大门。腐败无能的清政府被迫于1842年8月29日在英舰皋华丽号上签订了中国近代第一个不平等条约——《南京条约》。中国从此逐步成为半殖民地半封建国家。

领土,还有一条和多瑙河一样长的河流。1858年,恩格斯在《俄国在远东的成功》一文中提到了这个事情。在近代史上,沙俄总共从中国掠取150多万平方公里的土地。

国家主权被侵夺。列强在中国有"治外法权",中国的城市中一些地方被"租借",不受中国政府管辖,外国人在中国犯法,中国法律制裁不了。到后来,国境内甚至允许驻扎外国军队。

经济命脉被列强控制。海关总税务司一职，由英国人赫德担任了将近半个世纪之久。列强不允许中国正常经济发展，更希望中国廉价提供原材料，同时购买他们的商品。

中国古人说：多难兴邦。历史上，中原朝廷也时常遭到北方游牧民族的侵扰，像女真族、蒙古族、满族等，甚至入主中原，统治半个、大半个以至整个中国。这一过程中，虽然免不了杀戮和破坏，但这些少数民族转变很快，逐步接受中华文化，祭拜孔子、孟子等圣人，像汉族的朝廷一样，倡导用儒家的礼仪秩序来治国，最终被汉族的读书人和老百姓所接受。

如果只看战争的规模和烈度，鸦片战争似乎比不上历史上多次发生的游牧民族南下的入侵，但这一次的入侵者，远涉重洋而来，是全新的对手。不仅"船坚炮利"，武力强大，更重要的是，他们的社会政治制度、经济组织方式以及思想文化状态，与中国完全不同，而且优于中国。随着列强东来，传承几千年的华夏-藩属的格局难以维系，中国处在了一种列国并峙的国际秩序中。

和这样的对手过招，超出了中国人积累的历史经验。鸦片战争后，面对中国与列强的交往、交锋、交战的格局，有识之士慨叹，这是"数千年未有之变局""秦汉以来未有之世变""天地之一大变"。

"变局"中，这个传承几千年的东方大国，不可能再沿着以往改朝换代的"老黄历"演变了，有必要重新思考、探索国家和民族的出路。

如何摆脱列强的欺辱，并作为国际秩序的一员在世界立足？

如何既学习西方的经济、政治和文化，又保留优秀传统和民族特色？

如何既保障人民的权利，又可以有效管理国家和社会？

如何既让国家强起来，又让人民富起来？

如何建立起一个既有社会经济活力，又有良好秩序的社会政治制度？……

以上这些内容在当时或者随着局势发展，不断被提上日程。一百多年后，中国共产党人在他们的历史叙事中，用高度凝练的语言，把这些内容概括为两大历史任务：一是求得民族独立和人民解放，二是实现国家的繁荣富强和人民的共同富裕。

一系列问路、寻路、探路的历史剧目，不同的政治集团、不同阶层的领袖人物，或同时，或先后，轮番上演，提出不同的主张和方案。他们设想和设计的道路，能否走得通？

农民英雄的天国梦想

太平天国的农民英雄们，开始登上历史舞台。

农民受统治者和入侵者双重盘剥，赋税沉重，经济面临破产，生活陷入困顿，纷纷揭竿而起。从1842年到1850年，各族人民的反清起义在百次以上。虽然屡起屡仆，但也屡仆屡起，更大规模的反抗潮流正在不断蓄积、汇集之中。

1851年，洪秀全率领一众人等，经过多年秘密经营，在广西桂平县金田村一举起义，建立太平天国。太平军出广西，横扫湖南、湖北、江西、安徽、江苏，一路势如破竹，响应、追随者云集，队伍不断壮大，斗志日益高昂。太平军所到之处，杀逐官吏豪绅，焚烧田契借券，受到贫困群众的拥护。1853年3月，太平军仅用10天时间就攻下南京，定为都城，改名天京。此后，太平军经过一系列东征西讨，转战18省，控制大片区域，与清王朝分庭抗礼。

这样的农民起义，大大小小，前前后后，不绝于史，似乎司空见惯，太平天国的事迹和事业，与他们的前辈有哪些不同呢？

洪秀全读过由西方传来的宗教宣传品，了解一些关于上帝的宗教知识，他便创立了拜上帝教，借此发动和组织群众。这在农民起义中，还是一个新事物。

太平天国的领导者希望建立一个符合农民愿望的社会，在这个理想社会中，"有田同耕，有饭同食，有衣同穿，有钱同使，无处不均匀，无人不饱暖"。他们主张把土地划分为不同等次，好坏搭配，按人口平均分配。

洪秀全的同族兄弟洪仁玕，曾游历香港，对西方社会有一些了解，深受启发，来到天京后提出系列建议，包括学习西方，制定法律、制度，发展工矿、交通、邮政、银行等事业，奖励科技发明和机器制造，兴办学校、医院和社会福利事业，同外国平等交往、自由通商，等等。

平分土地，让耕者有其田，是千百年来农民的美好愿望；向西方学习，发展近代工商业，更符合当时世界发展的趋势。这些主张表明，太平天国的领导者们，把历代农民战争提升到了一个新的高度，也敏锐地感受、捕捉到了世界的大势。

无论是耕者有其田，还是发展近代工商业，这些主张虽然由农民领袖们提了出来，却不可能由他们去实现。事实上，这些主张，即使在太平天国控制的区域内，也基本停留在纸面上。

连年征战，不具备实施的条件，或许是其中一个因素。最重要的问题，还出在天国的领导集团，权力让他们很快就腐化了，兄弟关系变成君臣关系，钩心斗角、争权夺利。1856年，因为权

1855年4月2日《伦敦新闻画报》插图:江苏南京,太平军向清军炮舰开火。

力猜忌，领导集团发生严重内讧和分裂，曾经共谋大业的领袖中，有的被杀，有的出走，受牵连而死的官兵更是人数众多。天国的事业，从此由盛转衰。到太平天国运动后期，洪秀全信用亲属，而疏远猜忌主要将领。在朝辅政的文臣和在外作战的将领之间，也不能和衷共济。洪秀全甚至深居宫禁，在宗教幻想中寻求慰藉，不去积极领导国家，指导战事。

最终，1864年，在清王朝和列强的联合围剿下，轰轰烈烈地持续14年的太平天国运动失败了。从天国领导集团的作为看，即使他们成功消灭了清朝，也只是再次改朝换代而已。农民们历经奋斗，付出牺牲，只会成为改朝换代的工具。

单纯的农民战争，规模再大口号再响，因为其天生的小生产者的历史特质，无法在鸦片战争以后的变局中，创造一种有别于改朝换代的新局面来，无法解决近代中国的历史问题。

太平天国的领导者们设想的道路，显然走不通。但是他们的反抗精神不断有后续的历史回响，比如，辛亥革命的领袖孙中山幼年时听太平军老战士讲战斗经历和故事时，就深受触动，想做"洪秀全第二"。毛泽东曾指出："自从一八四〇年鸦片战争失败那时起，先进的中国人，经过千辛万苦，向西方国家寻找真理。洪秀全、康有为、严复和孙中山，代表了在中国共产党出世以前向西方寻找真理的一派人物。"

设在南京的太平天国历史博物馆，是一个爱国主义教育基地，与众多文教单位以及驻宁部队、居民社区等确立了共建关系，并常年进行"送课上门""送展下乡"等活动，宣讲太平天国和中国近代史，充分发挥博物馆的社会服务功能。博物馆负责人说："作为中国农民战争史的最高峰，太平天国运动留给我们的不只是一个个脍炙人口的传奇故事和英雄人物，更为后世留下了不怕牺牲、敢于斗争、忠肝义胆、为国为民的精神财富，值得我们永远传扬。"

洋务派的"自强"和"求富"

作为太平天国的敌手，清朝统治集团中的部分成员，为了挽救统治危机，也积极努力，希望走出一条路来，既能够"自强"，又可以"求富"。

这些人，在地方上以曾国藩、李鸿章、左宗棠等封疆大吏为代表，并且得到主持朝政的恭亲王奕䜣的支持。他们所从事的主要是和列强打交道，是推动学习西方先进科技，因而被称为"洋务"，他们也就成了别人眼中的"洋务派"，他们的活动，也被称为"洋务运动"。这场运动，从19世纪60年代初到90年代，持续30多年。

洋务运动是从购买、仿造、制造洋枪洋炮开始的。19世纪60年代初，曾国藩等清军将领在镇压太平天国的过程中，开始购买洋枪洋炮，或者设立军工厂，自己生产。他们先后创办军工企业20多个。这些举措，他们自称为"自强新政"。

与制造使用新式武器相伴随的，是建立新式军队。最出名的是北洋水师，规模最大、实力最强。1888年，北洋水师正式成立，在某种意义上可以代表洋务运动取得的最高成果。根据当年《美国海军年鉴》排名，北洋水师实力位居亚洲第一、世界第九。北洋舰队大小兵船20多艘，另有练兵鱼雷艇各若干，炮120多门，官兵4000多人。两个最大的舰只"定远"号和"镇远"号，排水量均有7000多吨。

洋务运动以"自强""求富"为口号,先后兴办了一批军事工业和民用工业。图为洋务运动创办的江南制造总局。

中日甲午战争中,洋务派经营多年的北洋水师全军覆没。图为北洋水师致远舰部分官兵。

办军工企业,涉及资金、原料、燃料、运输等问题,洋务派于是提出"求富",陆续兴办民用企业,重点是采矿、冶炼、纺织等工矿业和航运、铁路、电讯等事业。

学习西方、办洋务，离不开新式人才。洋务派创办了30多所新式学堂，像翻译学堂、工艺学堂、军事学堂等，培养了大批翻译人才、各类专门人才以及新式军事人才。还组织翻译了一批西方自然科学书籍，主要包括物理、化学、数学、天文、地理等。还派出了一批留学生到西方实地考察、学习。

洋务派引进了新的军事和工业生产技术，这是他们的功绩，后来有人称誉他们是中国现代化的鼻祖。历史已经证明，要想改变民族、国家的颓势，仅靠仿造新式武器装备，开办一些官办的军工和民用企业，那是远远不够的，还需要在体制上、观念上作出相应的调整和变化。

该做的地方没有做，那些已经做了的地方，就很可能走样变形。

比如"求强"。洋务派在军事方面做了改革，但他们钦慕西方船坚炮利，热衷于武器装备。新式武器的使用，需要一套指挥、参谋、后勤等方面的体系和战略作为支撑，这方面，他们却没有多少建树。这样，很难真正强起来。

比如"求富"。他们办民用企业，方式却不是民营，而是由官僚督办。官企、官商不可能真正有活力和效率，反倒是为官商勾结、贪污腐败提供了便利。这样，很难真正富起来。

1894年到1895年的中日甲午战争，洋务派苦心经营多年而又津津乐道的北洋水师全军覆灭。樯橹灰飞烟灭之际，以"求强""求富"为目标的洋务运动，彻底宣告破产。在经济、技术方面作出一点变革，同时固守原来的政治制度、统治秩序和伦理纲常，这样的路，没走通。洋务运动期间，民族危机、社会危机不是缓解，而是加重了，离"强"和"富"越来越远了。

漫画《时局图》

该图充分暴露了 19 世纪末列强瓜分中国的野心和清政府的昏庸。图中熊代表俄国，犬代表英国，蛇代表德国，蛤蟆代表法国，太阳代表日本，鹰代表美国。

维新派的"变法"

中日甲午战争,大清帝国竟被"蕞尔小国"日本打败,割让台湾岛及所有附属各岛屿、澎湖列岛和辽东半岛,赔款2亿两白银。其他列强也不甘落后,纷纷行动起来,谋取各自的势力范围。当时产生了一份《时局图》,中国地图上,不同的方位被熊(俄国)、犬(英国)、蛤蟆(法国)、鹰(美国)、太阳(日本)、蛇(德国)盘踞着。这张图直观、形象地刻画出中国面临的"瓜分豆剖""亡国灭种"的危机。

面对民族耻辱和危机,一部分知识精英,以康有为、梁启超、谭嗣同等人为代表,通过上书皇帝、著书立说,办学会、办学堂、办报纸等方式,主张"维新",被称为"维新派"。他们认为,洋务运动之类,也是在寻求改变,但这是变事,而不是变法,变法就要从改变法律、改变制度开始。中国民智不开,八股文考试束缚、压制人们的思想,必须废除。救亡、图强,还要从筹款、修路、练兵、办新式学校、翻译外国书籍等诸多方面着手。

维新派的这些主张,得到光绪皇帝和部分官员的支持。从1898年6月开始,短短几个月间,陆续颁布诏书,推出系列新政令。这一年是戊戌年,史称"戊戌变法"。

变法的主要内容包括:

改革官场积弊,撤并机构,裁汰冗员,鼓励官民上书言事;

提倡开办实业,保护并奖励农工商业和交通采矿业发展;

废除八股文考试,取消各地书院,改设新式学校;

开放一定程度的言论、出版、结社的自由,比如奖励创办报刊,允许设立商会,准许自由组织学会,等等。

维新派兴民权、设议院、实行君主立宪制度的主张,没有被

康有为（1858—1927）

梁启超（1873—1929）

皇帝接受。君主立宪制度，以保障民权、限制君权为前提，与君权至上的观念和制度是不能相容的。

维新变法的很多措施，与30年前日本的"明治维新"很类似，康有为等人向光绪帝介绍过日本明治天皇的事迹，光绪也有意效仿明治天皇，希望国家能振作、个人有作为。

然而，戊戌变法并没有像明治维新那样，使中国从此开始变

京师大学堂是戊戌变法"新政"仅存的硕果,后改称北京大学。

得富强。相反,新法触动了许多官僚的既得利益,加深了光绪皇帝与慈禧太后之间的权力嫌隙,引起强大的反作用力。

在大清朝真正主宰者慈禧太后的反扑下,支持变法的光绪皇帝被软禁在中南海的瀛台,康有为、梁启超亡命海外,谭嗣同等六人被杀害,参与或同情变法的官员,有的被革职,有的被下狱,有的被流放。变法期间的诏令,除了新办的京师大学堂(也就是后来北京大学的前身），一概推翻，一切恢复变法之前的模样。戊戌变法，也就维持了103天，可以说是昙花一现。

维新派的社会政治主张，比洋务派前进了一大步。他们也主张向西方学习科学技术、武器装备，但仅仅这些远远不够，还要学习思想文化，鼓励民间发展工商实业，允许一定的言论、结社等社会自主空间，甚至建立类似西方那样的政治制度。

这些主张符合当时的时代潮流，有益于国家，有利于民众，但如果真的实施，必然与皇权至上、民权卑下的传统社会政治结构发生冲突。维新派却以为抓住一个皇帝做依靠，就可以自上而下推行他们的主张和方案，就可以救亡、图存、图强。这条路显然没有走成功。

在19世纪中后期，太平天国、洋务派、维新派，都为民族、国家的出路提出了主张和方案，并进行了一些实践，要么自身就有很大局限，要么受到国外列强和国内保守势力的反对，最终都没走成、没走通，中国人带着八国联军攻占首都的耻辱进入了20世纪。历史呼唤新的社会政治势力，期待新的救国途径和方案。

第二章
革命之路

进入20世纪，经过八国联军一役的沉重打击，面对国内外的压力和呼声，从1901年起，慈禧太后也宣布"变法"了。这些新法，不少是戊戌变法时期出台过的，有的也超出维新派主张的范围，比如更大规模的政府机构调整和改革，废除科举制度，组织地方自治，甚至准备开国会、搞立宪改革。

这些改革措施，就算不是敷衍，而是真的想搞，可最佳的时机和条件也都错过了，社会矛盾已经没有多少转圜的余地。甲午战争和八国联军侵华战争之后，巨额的战争赔款，加上越来越多的苛捐杂税，给人民带来沉重负担；日本和俄国在中国东北交战，清政府竟宣称"中立"；各地抗捐抗税的人民抗争事件不断；清朝最高统治集团借着搞立宪的机会，扩大皇族的权力，等等，这些加快了清政府威信的损耗和民心的流失。

国家、民族的危机感和耻辱感日益加深，社会思潮越来越趋于激进。用下中国象棋来打比方的话，人们不再愿意"拱卒"，而是直接"将军"，还要一步"将死"对方。

这个时候，"革命"的声音逐步响彻海内外。

"救中国独一无二之法门"

"革命"本来是一个古老的中国词汇，先秦时期的著作中就称赞"汤武革命，顺乎天而应乎人"，大致是说，像商汤、周武王这样的古代君主，上顺天意、下应民情，用武力征讨残暴的当政者，取而代之，建立新的朝廷。古代历史上，较大规模的农民起义，都可以说是"革命"。

到了20世纪以后，随着西方思潮的传入和广泛传播，以及国际、国内环境的变化，时代提出了新的要求，"革命"的内容，也有了更多的拓展，不仅要推翻清朝的皇帝，而且连皇帝这种形式也要废弃，新建一个类似西方那样的共和国。

这种共和国与皇帝统治的国家完全不一样。它的最高领导人一般要由人民投票选举，权力要受到限制，职位不能终身担任，更不能传给子孙；人民还要再选举出一定数量的代表，组成固定的机构，行使另外一部分国家权力，像制定法律、通过财政预算，等等；还要设立专门执行法律的机构，自主地审理案件。

在这种共和国内，传统的经济组织方式、社会风俗、文化教育等方面都要进行深入的革新。

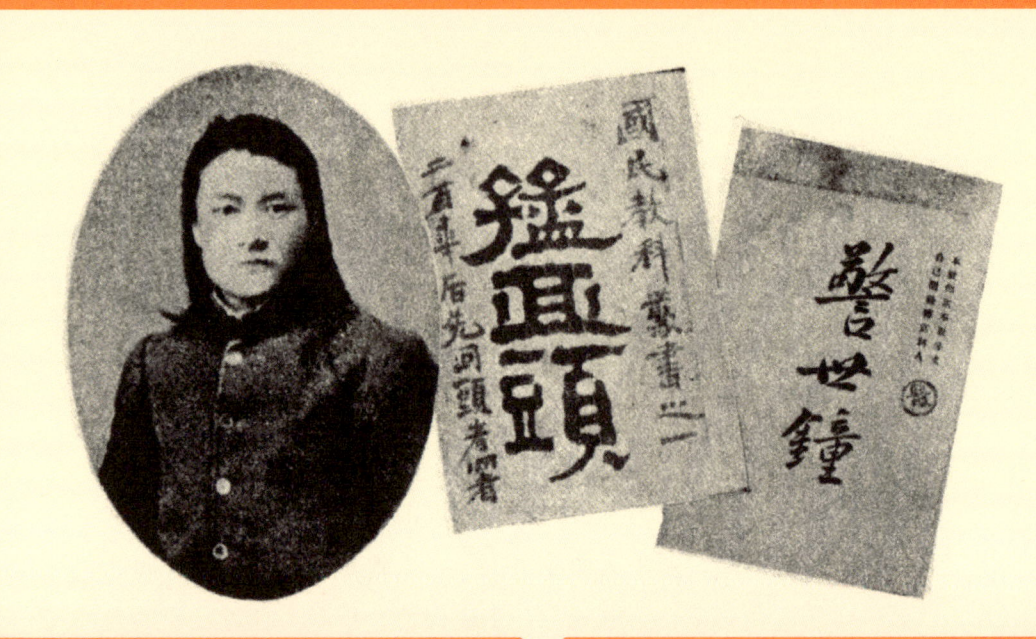

陈天华在日本留学期间,著有《猛回头》和《警世钟》,流传全国各地,特别在两湖青年学生和新军士兵中流传更广。

宣传、鼓动革命最用心、最用力的,主要是那些新式知识分子。这个新的社会群体,主要是由20世纪初设新学堂、派留学生等措施所催生,他们接受了西方新知识的教育,与社会中下层的联系也比较密切。在国内,他们多在清政府编练的新式军队中活动。往外留学,则以赴日本为首选,一时成为风尚,人数多达八九千人,在他们当中,竟然"以不言革命为耻"。

新式知识分子以年轻人特有的激情、豪情和活力，为革命鼓与呼。邹容，不满20岁，就发表震动一时的《革命军》，提出开创"中华共和国"的号召，要求永远根绝君主专制，反抗列强干涉中国革命独立。陈天华写作《猛回头》《警世钟》等，明确呼吁，唯有革命独立，推翻清廷，中国方能得救。

革命成了时代的强音和社会的主流氛围。中国革命的先行者孙中山回顾早年革命经历时说，当他1895年首次发动革命起义的时候，举国舆论斥责他们是乱臣贼子、大逆不道，所到之处把他们视为毒蛇猛兽，但是八国联军一役之后，一般人就很少恶语相向了，有识之士更是为他们惋惜，对他们未能成功感到遗憾。就连当年维新派领袖之一梁启超也在1902年发表文章说，要救中国必须彻底摧毁专制政体，"革命之事业为今日救中国独一无二之法门"。

可以说，从20世纪初开始，要救中国，走革命之路，已经成为一种大势所趋。

辛亥革命

孙中山率先举起近代民族民主革命的旗帜。

在走上革命道路前，孙中山曾经上书言事，希望当政者"仿行西法，以筹自强"，也赞助过那些吁请朝廷推行"新政"的和平请愿活动，但一再碰壁后，他认识到和平手段已经无济于事，要采用暴力手段进行武装革命，推翻清政府。这样的思想历程和实践转变，不仅仅孙中山有，新式知识分子有，甚至部分希望国家富强的体制内官僚士绅也有。

孙中山（1866—1925），本名孙文，号逸仙，广东香山（今中山市）人。近代伟大的民主革命先行者，资产阶级革命派的主要代表。

　　孙中山结合革命党人，不断发展力量，倡导革命主张，推进革命事业。1894年，在檀香山成立革命小团体兴中会，喊出了"振兴中华"的口号。1905年，发起成立同盟会，推动革命力量从分散向集中发展。同盟会比较完整地提出一个以西方为蓝本的共和国建国纲领，主要体现在它的誓词中："驱除鞑虏，恢复中华，创立民国，平均地权。"孙中山此后又概括为三大主义，即民族主义、民权主义、民生主义，也就是曾经耳熟能详的"三民主义"。

　　同盟会和在它影响下的其他革命团体一道，努力用革命手段去实现三民主义纲领，他们联络民间帮会组织和清政府创建的新式军队，一次又一次发动武装起义。最终，1911年，旧历辛亥年，革命取得成功，第二年1月1日，在南京正式成立中华民国临时政府，孙中山出任临时大总统。

辛亥革命不仅推翻统治中国260多年的清朝政府，还结束了自秦始皇以来2000多年的君主专制制度，建立民主共和国。民主的思想和观念，在中国逐步传播开来。从此以后，想做皇帝的，想恢复君主制度的，虽然不乏其人，但只要付诸行动，就会成为众矢之的，以失败收场。这正是辛亥革命的伟大历史贡献。

《中华民国临时约法》规定，国家主权属于全体国民。这是西方国家近代以来的政治常识，但在中国还是前所未有的事情。南京临时政府推出许多社会革新事业。例如，革除以往官场上"大人""老爷"的称谓，以官职相称，在民间则以"先生"或"君"相称。男子剪掉发辫，女子不许裹小脚。维护人权，不准刑讯、体罚。尊重言论、出版自由。这些政策，有的付诸实施，有的一时没有贯彻，但都促进了平等思想的传播，成为后来有识之士号召、动员社会的思想武器之一。

清政府屡屡屈服于列强，被革命党人斥为"洋人的朝廷"，辛亥革命推翻了它，其所打击的，当然就不只是统治集团，也包括列强在华势力。

归结起来可以说，辛亥革命是20世纪中国的第一次历史巨变，是中国人民为改变命运而奋起革命的伟大里程碑。它长期鼓舞和激励着有识之士为探索救国救民的道理和道路而奋斗。

然而，辛亥革命从另一种意义上，又不能说是成功的。革命派掌权的南京临时政府，只存在了几个月时间，国家最高权力就转到以袁世凯为代表的北洋集团的手中。袁世凯从清朝统治集团分化出来，许多旧势力支持他，列强也愿意承认他，而不理会南京临时政府。他后来甚至当起了皇帝，被人们指摘为"窃国大盗"。他名败身死之后，北洋集团发生分裂，中国逐步进入军阀割据混战的状态。

孙中山主持中华民国临时政府第一次内阁会议
武昌起义后,湖南、四川等省相继宣告独立。1912年1月1日,中华民国临时政府在南京成立,孙中山被选为临时大总统。2月12日,清朝最后一个皇帝溥仪宣布退位,清王朝灭亡。

同时,从民国初年开始,西方传来的各类政治制度形式,像多党制、议会制,也陆续尝试实行,但条件不具备、结果不理想,非但没有创造出政治清明、社会公平的格局,反而严重恶

1915年5月25日签订"二十一条"时中日代表合影
辛亥革命的胜利果实很快就被袁世凯窃取。1915年1月8日，日本内阁向袁世凯政府正式提出了旨在灭亡中国的《对华交涉案》（又称"二十一条"）。同年5月9日，除第五号中五项"容日后协商"外，袁世凯接受了"二十一条"的几乎全部要求。

变，沦为军阀、官僚、政客们争权夺利的工具和遮羞布。

最终，沦丧于帝国主义的国家权益，不但没有收复回来，甚至还有加剧的态势，比如日本，就趁着第一次世界大战的机会，

革命之路 | 37

提出了企图独霸中国的"二十一条"。国家贫困落后的状态并没有得到改善。因为在清王朝崩解之后，新的社会政治秩序一时没有建立，混乱、混战的状态反而给人一种"今不如昔"的感觉。孙中山就曾沉痛地说："政治上、社会上种种黑暗腐败比前清更甚，人民困苦日甚一日。"蔡济民在《书愤》中更是表达了愤慨："无量金钱无量血，可怜购得假共和。"

为什么会出现这样的结局呢？

后来的马克思主义政治家和史学家们，以他们的思想武器烛照历史，指出了辛亥革命的局限性：它没有提出一个明确而完整的反对帝国主义和传统社会制度的纲领；它没有比较广泛地发动并依靠占中国人口最大多数的农民和其他下层劳动群众；它没有形成一个能够胜利地领导这场革命进行到底的坚强有力的革命政党。

这样，矢志革命的仁人志士，就要探索新的革命道路，来谋求国家独立富强和人民自由幸福。这样的新革命道路，要具备辛亥革命所缺乏的要素，比如一个明确、完整、彻底的纲领，一个坚强有力的政党，这个党还要能够动员和组织农民及其他下层群众。

新民主主义革命

这样的革命道路和使命，由一个新型政党——中国共产党选择并担当了起来。

辛亥革命后的政治、社会局面，让一批知识分子陷入苦闷和彷徨。他们为民族、国家的新出路苦苦探索，以笔为武器，发出

"呐喊"。1917年，传来了俄国十月革命胜利的消息。这场革命，由一个组织很严密的政党领导，以武力为手段，以马克思主义为指导，以社会主义、共产主义为目标。十月革命后成立的新俄国政府，还发表对华宣言，声明放弃沙俄政府从中国攫取的权益。

这在中国引起极大的好奇和好感。一些知识分子在介绍和宣传十月革命的过程中，逐步了解和接受了马克思主义学说，成为具有初步共产主义思想的知识分子。

马克思主义来自19世纪中叶的欧洲，是西方的学说，但它关心被压迫者和被剥削者的命运。这个学说博大精深，既蕴含科学精神，又能鼓舞革命力量，尤其强调阶级分析的方法，认为当时社会存在着的资本家阶级（雇用工人劳动的工商业主）和工人阶级（无产阶级）之间的矛盾不可调和，工人阶级要通过斗争，解放自己，消灭资产阶级，消灭私有制，建立社会主义社会，最终进入共产主义。

共产主义知识分子服膺马克思主义阶级斗争的观点，用它来观察和分析中国的问题，指出解决问题的方向和方案，并深入到产业工人中做群众工作。

马克思主义和工人运动的结合，提出了建立政党的要求。

1921年7月，中国共产党秘密召开第一次全国代表大会，13人与会，代表全国50多名党员。

大会确定党的名称为中国共产党。党的纲领是"以无产阶级革命军队推翻资产阶级"，"采用无产阶级专政，以达到阶级斗争的目的——消灭阶级"，"废除私有制"等。这表明，中国共产党从一开始，就把实现社会主义和共产主义确定为奋斗目标，并坚持用革命的手段来实现。

这些主张主要来自马克思主义著述。这个时候，党对中国的

李大钊秘密发起组织的马克思学说研究会部分会员合影

1920年3月31日,李大钊在北京大学秘密发起组织马克思学说研究会,以宣传和研究马克思主义为主要目的。次年11月17日公开征求会员。

现实社会状况,了解和研究得还不够深入和具体。当时的中国,近代工商业发展严重不足,可以被称为资本主义、资产阶级的,不是规模可观,而是少得可怜。同时,外受帝国主义的压迫,内

中共一大会址外景
1921年7月23日,中国共产党第一次全国代表大会在上海召开,宣告了中国共产党的诞生。

有大量专制制度残余,严重阻碍经济发展和社会进步。那种消灭资产阶级、消灭私有制的社会主义革命,是否可以立刻就进行,显然还需要深入思考。

革命之路

随着实践斗争的深入和对国情了解的深入，中国共产党逐步认识到，革命的具体方针需要调整，需要分阶段、有梯次地推进。1922年7月召开的中国共产党第二次全国代表大会，提出最低纲领和最高纲领，表达了这一认识转变和思想成果。

最高纲领，和一年前的建党纲领没有太大变化，即组织工人阶级，用阶级斗争手段，建立劳工和农民专政的政权，铲除私有财产制度，逐步达到一个共产主义的社会。

最有新意的，是制定了现阶段的最低纲领，即消除内乱，打倒军阀，建设国内和平；推翻国际帝国主义的压迫，达到中华民族完全独立；统一中国为真正的民主共和国。

为最低纲领奋斗的革命，党把它称为"民主主义革命"。这次党代会还初步分析了民主主义革命的性质、对象、动力、策略、任务和目标，并指明革命前途是社会主义和共产主义。

这些理论，后来不断丰富发展，尤其经过共产党的领袖毛泽东的全面论述，成为一整套系统性的新民主主义革命和建国理论。从1921年到1949年，中国共产党的革命历程，也就被称为"新民主主义革命"。

民主主义革命，是相对于社会主义革命来说的，共产党革命的最终目标是社会主义和共产主义，但那是将来的事情。一般来说，新民主主义革命阶段，在根据地内，共产党并不直接消灭私有财产制度，而是支持民族工商业的发展，搞土地改革，分配土地给农民，真正实现"耕者有其田"。对工商业者、中间势力的政治权利也予以保障。抗日战争期间，共产党建立的抗日民主政权实行"三三制"，规定在政权机构和民意机关的人员名额分配上，共产党员（代表工人阶级和贫农）、左派进步分子（代表和联系广大小资产阶级）和中间派（代表中等资产阶级、开明绅士）大体各占三分之一。

新民主主义革命，是相对于旧民主主义革命来说的。旧民主主义革命最典型的代表是辛亥革命，所谓"统一中国为真正的民主共和国"，那正是辛亥革命的目标。辛亥革命的未竟之志，共产党要先去实现。共产党的老一辈革命家，几乎无一例外地参加过辛亥革命，或者受到过这次革命的影响。这正说明了新、旧民主主义革命之间的内在关联。1937年9月，中国共产党发表宣言，也曾明确指出：孙中山的三民主义为中国今日之必需，本党愿为其彻底实现而奋斗。

新和旧之间最主要的区别，在于革命的领导力量。按照革命理论，新民主主义革命是资产阶级性质的革命，但资产阶级承担不了这样的历史使命，而要由无产阶级（通过共产党）领导，并联合其他社会阶层，发动农民和其他下层群众，通过武装斗争的手段进行。

经过国民革命、土地革命、抗日战争、解放战争几个阶段艰苦卓绝的斗争，中国共产党从小到大、从弱到强，组织、发动并依靠群众，联络、扩大并团结盟友，孤立、分化并打击敌人，最终，从胜利不断走向胜利。

这是一个革命斗争的过程，也是一个历史选择的过程。

20世纪20年代到40年代，活跃在中国政治舞台上有号召力、有政纲的政治力量，不仅仅是中国共产党。

由同盟会演化而来的国民党，在共产党的帮助下，经过孙中山的改组，组织性和战斗力都大为增强，1928年后取代北洋军阀集团，掌握了国家的最高统治权。国民党背弃孙中山的许多既定政策，迅速被权力腐蚀，实行并坚持独裁统治。民营工商业的发展受到阻滞，官僚资本横行。到抗战后期，社会经济已经接近崩溃。最

革命之路

1949年4月23日,人民解放军占领南京,宣告了国民党政府在全国统治的覆灭。

中国人民政治协商会议第一届全体会议现场

1949年9月21日至30日，由中国共产党、各民主党派、各人民团体、各地区、人民解放军、各少数民族、海外华侨及其他爱国分子的代表662人组成的中国人民政治协商会议第一届全体会议在北平中南海怀仁堂举行。

终，国民党失去民心，被革命力量推翻，丧失了统治地位。

还有一些介于国共两党之间的中间派或中间人士，既反对国民党的独裁统治，也不大赞成共产党的彻底革命立场。他们屡受国民党的压制、打击，组织也被取缔。其中很多人，后来响应共产党的号召和倡议，共同筹划和组织新的全国政权。

1949年9月，中国人民政治协商会议召开第一届全体会议。参加政协会议的有中国共产党，各民主党派，无党派人士，各人民团体，人民解放军，各地区、各民族以及国外华侨的代表。这次会议的召开，标志着一个新的政党制度的确立，那就是中国共产党领导的多党合作和政治协商制度，这个政党制度不像苏联那样，只有一个共产党，也不像欧美国家那样，多个党轮流执政，是中国特色的政党制度。

毛泽东致开幕词时宣告:"占人类总数四分之一的中国人从此站立起来了。"会议宣告中华人民共和国成立,选举毛泽东为中华人民共和国中央人民政府主席。10月1日,举行了盛大的开国大典。

至此,新民主主义革命取得了基本胜利。由中国共产党领导的各阶级阶层代表参加的新型人民政府正式成立。鸦片战争以来100多年受外国压迫、欺辱的历史,列强和国内统治者联合起来奴役人民的历史,战乱不断、国家四分五裂的历史,从此结束。

社会主义革命

新民主主义革命实现了党的最低纲领,党还要继续朝着最高纲领努力,至于什么时候搞社会主义革命,毛泽东等领导人也在不断观察、分析和思考。

1949年到1952年,中国经历了一个国民经济恢复期。从1953年开始,党开始规划社会主义革命的步骤。

那么,什么才是社会主义呢?

当时人们的认识和理解来自两个方面:一个是马克思主义书本上怎么说的,另一个是第一个搞社会主义的国家苏联是怎么做的。主要就是改变生产关系,把生产资料私有制改造为公有制,要么归劳动群众集体所有,要么归国家所有。生产活动,要由国家按照一定的计划去组织和推进。人们按照各自的劳动贡献,取得生产成果。

根据党的部署,社会主义革命的基本途径,就是在加速推进工业化的过程中,实现对农业、资本主义工商业和个体手工业的社会主义改造。这在当时被简称为"一化三改"。

对农业的改造，就是把农民组织起来，变一家一户的生产经营为合作社的经营方式。在初级合作社，农民投入合作社的土地、农畜、农具等生产资料可以参与分红；到高级合作社阶段，就取消了这些分红，只是按照劳动来分配生产成果。到1956年底，加入合作社的农户达到全国农户总数的96.3%，其中参加高级社的占87.8%。

对手工业的改造，从生产合作小组开始，按行业分批、分片，逐步组织手工业供销生产合作社。到1956年底，参加合作社的手工业人员占全体手工业人员的91.7%。

对资本主义工商业的改造是一个更有中国特色的社会主义革命之路，在三项改造中占据着尤为突出的位置。

无论是马克思主义著作中，还是苏联的经验中，资本家的资产都是要被"剥夺"，也就是无偿没收。共产党考虑到中国的革命道路和经济发展实际情况，没有那样做，而是搞公私合营、和平赎买，向私营工商业主支付数量可观的"赎金"。

随着工商业改造的推进，一些私营工商业主为形势所迫，又心有不甘。毛泽东先后邀请工商界政治代表人物和全国工商联执委会的委员，座谈私营工商业的社会主义改造问题。针对工商界人士对前途和命运的担忧和不安，他重申国家对接受改造的工商界人士将给予政治上和工作上的安排，继续实行逐步赎买政策。他说，将来资本家的阶级成分要变成工人，这是一个光明的政治地位，光明的前途。

随后全国工商联对工商界人士全面动员，逐步形成了对资本主义工商业实行全面改造的形势。

1956年1月，北京率先出现全行业公私合营的热潮。1月4日，全市327家国药店申请全行业公私合营。8日，全市有20个行业、

毛泽东宣读《中华人民共和国中央人民政府公告》

1949年10月1日下午3时,首都北京30万军民云集天安门广场,隆重举行开国大典,毛泽东、朱德、刘少奇、宋庆龄等登上天安门城楼。毛泽东主席在天安门城楼上向全世界庄严宣告:"中华人民共和国中央人民政府今天成立了。"

800多家商店一道被批准实行全行业公私合营。9日、10日，又有私营企业职工5万多人、私方人员2万多人，敲锣打鼓，燃放鞭炮，结队游行，申请合营。10日，北京市人民政府召开公私合营大会，宣布35个工业行业的3990家工厂和42个商业行业的13973户坐商，共17963户全部被批准实行公私合营。15日，北京市市长彭真在一个盛大而喜庆的场合宣布：我们的首都已经进入了社会主义社会。

中央批转了北京市的经验，全国公私合营的步伐加快。到1月底，资本主义工商业集中的上海、天津、广州、武汉、西安、重庆、沈阳等大城市以及50多个中等城市相继实现私营工商业的全行业公私合营。到1956年年底，全国私营工业户数的99%，私营商业户数的82.2%，分别纳入公私合营或合作商业的轨道。

伴随着以生产资料公有制占绝对优势的新的经济基础的建立，社会主义经济、政治、文化等方面的体制也基本形成，中国进入了社会主义社会。以政治方面为例，1954年9月，第一届全国人民代表大会召开，标志着人民代表大会制度作为新中国根本政治制度的正式确立。这是中国政治制度的一次伟大变革。人民代表大会制度不仅为国家的政治民主化进程确定了一种新型政权组织形式和总的民主程序，更重要的是确立了同中华人民共和国的国体相适应的社会主义根本政治制度。这一民主政治制度，符合中国国情、体现中国社会主义国家性质，为实现人民当家作主提供了根本保证。

社会主义改造的完成，比原定的计划时间大幅提前，在改造的后期，工作上过于急促和粗糙，也留下了一些问题。公有制经济已经占据绝对统治地位，但有没有必要成为唯一的经济成分，一些有益于国计民生的个体经济和私营经济，是否可以保留，并

辽宁盖平县农业生产合作社积极向国家出售新棉花

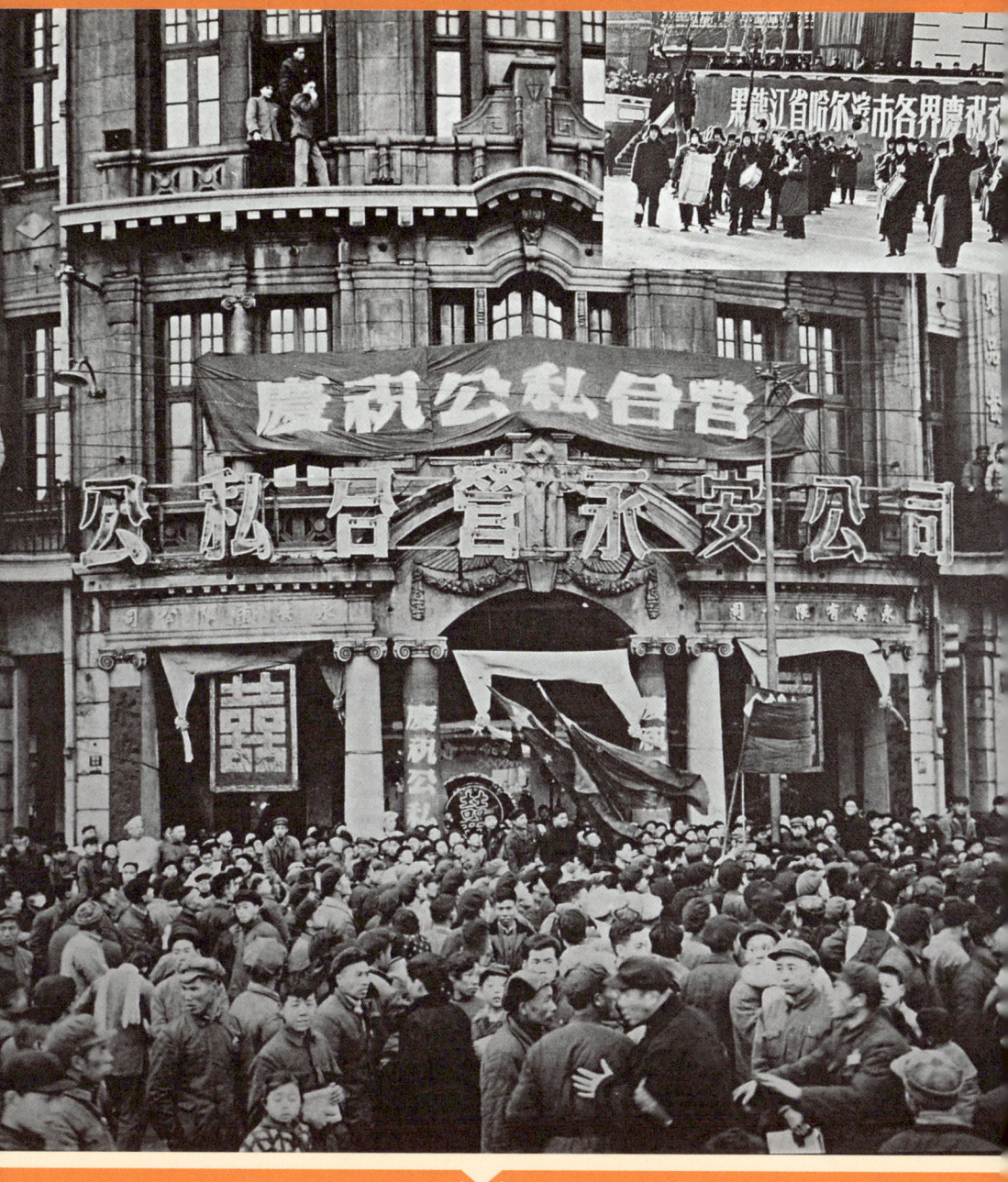

上海市全行业公私合营后的第一天,全国最大的百货公司——永安公司门前热闹非凡。

1954年9月,中华人民共和国第一届全国人民代表大会第一次会议在北京举行。

获得一定的发展?随着社会主义改造的推进,高度集中的计划经济体制扩大到全部经济生活,市场调节的作用是否还需要发挥,如何发挥?这一类的问题在后续的历史发展中不断被触及。

第三章
曲折的建设之路

进入了社会主义社会，一个新的历史课题被提了出来：在一个经济文化比较落后的国家，如何建设社会主义？

除了苏联的实践，没有任何经验可以借鉴。各国有各国的实际情况，照抄照搬，显然不是一种恰当和有效的选择，况且，苏联建设社会主义过程中的诸多问题也逐步暴露出来。这样，在社会主义改造加快推进的过程中，中国共产党开始探索中国自己的建设社会主义的道路，1956年左右有了一个良好的开端，但此后20余年的建设之路充满艰辛和曲折。

探索建设之路的良好开端

为迎接大规模经济建设,并为中共八大报告起草做准备,从1955年12月起,到1956年3月,刘少奇分别约请中央和国务院30多个部门的负责人座谈,进行调查研究。这引起了毛泽东的兴趣,从1956年2月14日开始,到4月24日结束,他分别听取国务院35个部门关于工业生产和经济工作的汇报,参加听取汇报的有周恩来、彭真、薄一波等,刘少奇、陈云、邓小平有时也参加。1956年4月到5月间,毛泽东还邀请湖北、广东两省和武汉、广州两市的党委负责人召开四次座谈会。

这是中华人民共和国成立以后,中央领导集体围绕经济工作开展的一次广泛而深入的调查研究,在探索社会主义建设道路的历史上,留下了深刻的印记。

听取汇报的过程中,毛泽东发表许多意见和评论,在此基础上形成《论十大关系》的讲话,先后在中央政治局扩大会议和最高国务院会议上发表。

毛泽东在讲话中,总结中国建设发展的初步经验,借鉴苏联的经验教训,提出要处理好十大关系。他强调指出:"最近苏联方面暴露了他们在建设社会主义过程中的一些缺点和错误,他们走过的弯路,你还想走?过去我们就是鉴于他们的经验教训,少走了一些弯路,现在当然更要引以为戒。"

毛泽东指出,在把重工业作为国内建设重点的同时,要更多地发展农业、轻工业,并处理好沿海工业与内地工业、经济建设与国防建设的关系。不能像苏联那样,把什么都集中到中央,应当在巩固中央统一领导的前提下,扩大一点地方的权力,各个生产单位都要有一个与统一性相联系的独立性。他还分析了政治方面的一些重大关系和问题。

《论十大关系》是中国社会主义建设史上的一份重要文献,是中国共产党开始探索自己的社会主义建设道路的重要标志。毛泽东对它也十分重视,他在回顾这段历史时多次说:前几年经济建设主要学外国经验,1956年4月论十大关系,开始提出自己的建设路线,有我们自己的一套内容。

当年9月召开的中共八大,又提出许多新的方针和设想。中共八大强调指出,社会主义制度已经建立,社会的主要矛盾发生了变化,党和人民的主要任务是发展生产力。中共八大强调要坚持在综合平衡中稳步前进的经济建设方针,既反对保守,又反对冒进。大会开得很活跃,很多人做了有创见的发言。例如,陈云提出"三个主体,三个补充"的思想,即以国家经营和集体经营、计划生产、国家市场为主体,以个体经营、自由生产、自由市场为补充。这个建议被中央采纳。这是从理论上和实践上突破苏联式的社会主义模式、探索经济体制改革道路的重要尝试。

探索远不止这些。还包括:提出要逐步制定完备的法律,建立健全的法制,使党和政府的活动做到"有法可依""有法必依";提出调整农村社队规模,深远山区也可以包产到组、到户；等等。

可以说，建设社会主义道路的探索，开端是良好的。中共八大在中国的社会主义建设历史上具有重要地位，改革开放初期的很多政策举措，很大程度上就是"回到八大"。老一辈革命家薄一波曾经有一句话，被很多人引用：中国特色社会主义是"始于毛（泽东），成于邓（小平）"。探索有中国特色的社会主义道路，确实是从毛泽东开始的，主要以《论十大关系》和中共八大为标志。

归结起来看，社会主义建设道路的初步探索，涉及几个宏观层面。一个是社会主义条件下的阶级斗争问题，中共八大认为过去阶级矛盾已经不是主要矛盾，阶级斗争只在很小的范围内存在。另一个是社会主义建设中的规模速度问题，中共八大认为应当要稳健，陈云当时有一句话说"建设规模要和国力相适应"。再一个是经济调节方式问题，中共八大前后实际上允许市场机制在小范围的经济生活中发挥作用。

按照当时领导人对"什么是社会主义"的认识，加上当时的经济、政治等方面的体制机制安排，中共八大前后的这些探索，是艰难的，需要经历复杂的历史考验。

探索中的严重曲折

中共八大前后探索社会主义建设道路的良好开端，没有能够很好地延续下去，这之后的20余年间，探索时断时续，有进展、有曲折，积累了正反两方面丰富的经验。其间的两次曲折，影响最为巨大，一是从1958年开始持续3年的"大跃进"，二是从1966

年开始持续10年的"文化大革命"。前者主要是经济方面的,后者主要是政治方面的。

"大跃进",是在"一五"计划顺利完成和当时社会主义阵营建设高潮影响下发生的,按其本意来说,是想在探索中国自己的建设社会主义的道路上打开一个崭新局面,通过群众运动的方式,以超常规的速度发展经济,努力在钢铁的产量上超过英国、赶上美国。"大跃进"期间,经济建设虽然取得了不少成就,但是由于缺乏经验和脱离实际,忽视经济规律,导致出现了以高指标、浮夸风和"共产风"为主要标志的严重的"左"倾错误。

"大跃进"中有一些特别突出的做法。一是全民大炼钢铁。各地动员大约9000万人上山,砍树挖煤,找矿炼铁,建起上百万个小土高炉、小土焦炉,用土法炼铁炼钢。现代化的大中型钢铁企业也打破常规,大搞群众运动。经济建设的其他领域,都要为钢铁让路。结果,炼出来的钢铁,大量是废品,不能使用。二是粮食产量上弄虚作假。为了完成粮食产量高指标,许多地方放"高产卫星",把粮食亩产说到了严重背离常识的地步。广西环江县一个农业社,竟然宣称亩产高达13万多斤。三是合并农业社,变为更大规模的人民公社。人民公社不仅是经济生产单位,也是基层政权组织。下设生产大队、生产小队。在并社过程中,平均分配、无偿调拨和提取下级单位及个人的生产资料和资金,甚至办起公共食堂,农民自己不能生火做饭。这种"共产风"严重损害了农民的生产积极性。

这些措施和做法,违背忽视建设的规律,浪费了大量资源,破坏了正常的经济运转秩序,挫伤了农民的生产积极性。国民经济陷入极度混乱的状态,人民的生活水平大幅下降。

事态的严重性引起领导人的重视和反思。中央领导人纷纷到

河南信阳市郊五里墩荒丘上密布的土高炉群

为实现钢产量1070万吨的高指标,全国掀起了空前规模的违背科学知识的全民大炼钢铁运动。几千万人齐上阵,大搞"小(小高炉)、土(土法炼钢铁)、群(群众运动)"。

基层调查研究,了解问题,研究解决办法。从1961年开始,历经5年的调整,走出了"大跃进"造成的困境。

就在国民经济调整结束、经济形势好转的时候,又发生了一场持续10年的"文化大革命"。

毛泽东发动"文化大革命"的一个重要初衷,是希望解决一些领导干部脱离群众、腐化堕落的问题,保持党的纯洁性,维护政权的社会主义性质。发动"文化大革命"的主要论点是:党内出现了一批走资本主义道路的当权派,要批判混进党里、政府里、军队里和文化领域等各界里的资产阶级代表人物,要公开

1976年10月24日,首都各界群众在天安门广场集会,热烈庆祝粉碎"四人帮"的胜利。

毛泽东逝世前后,"四人帮"加紧了夺取党和国家最高领导权的阴谋活动。1976年10月6日,华国锋和叶剑英、李先念等代表中央政治局执行党和人民的意志,一举粉碎"四人帮"。

地、全面地、自下而上地发动广大群众，把权力夺回到马克思主义者和人民群众手里。

"文化大革命"造成了社会政治秩序的全面混乱。学校停课，青年学生们组成红卫兵，四处串联。各种类型的造反组织，纷纷揪斗各级、各界被称为"走资派"的领导干部，并进一步从党和政府机构夺取权力。造反组织之间，也分合不断、矛盾重重、争斗四起，甚至动用武器。空前的混乱，有时不得不动用军队来维持秩序。很多机关干部和专家学者，被下放到各种农场去劳动。大学也一度停止招生。大量青年学生上山下乡，到农村、农场、建设兵团参加劳动。

毛泽东曾设想"文化大革命"两三年就能结束，实现"大联合"，恢复正常秩序，但直到1976年9月逝世，也没有看到他希望的从"大乱"到"大治"的局面。许多老干部也进行了一定程度的抵制，但终究不能实质性地挽回局面。一些野心家趁着"文化大革命"的机会，不断制造混乱、挑起争斗，甚至阴谋夺取党和国家的最高权力。

最终，"文化大革命"成为一场动乱和浩劫，直到1976年10月，以"四人帮"集团被粉碎为标志，才告结束。

"大跃进"和"文化大革命"两次大错误、大挫折、大曲折，都是中国共产党在独立地寻找中国社会主义道路的过程中发生严重偏差而导致的。尤其"文化大革命"，它以尖锐的形式，相当充分地暴露出党和国家的工作、政策、体制等方面存在的缺陷。邓小平后来曾就此指出，"文化大革命"的教训告诉我们，不改革不行，不制定新的政治的、经济的、社会的政策不行。

不能再走的"老路"

应该说，在整体上曲折、挫折的背景下，这个阶段探索适合中国情况的社会主义建设道路，也有不少积极成果。

这个探索在1956年前后有了一个良好的开端，此后，在不同时期，中共领导人还进一步总结经验，对社会主义的发展阶段问题初步作出了正确的论述，提出了中国实现四个现代化的目标、"两步走"的发展战略，并且阐述了社会主义建设若干重要原则。例如，在1964年年底到1965年年初的第三届全国人民代表大会第一次会议上，周恩来宣布：我国国民经济即将进入一个新的发展时期，1966年将开始执行第三个五年计划，全国人民要努力奋斗，把我国逐步建设成为一个具有现代农业、现代工业、现代国防和现代科学技术的社会主义强国。这是第一次在这样庄严的场合郑重向全国人民提出四个现代化的任务和目标。1975年1月，第四届全国人民代表大会第一次会议上，周恩来作政府工作报告，重新展示了三届人大提出的我国国民经济发展按两步走设想的蓝图："第一步，用15年时间，即在1980年以前，建成一个独立的比较完整的工业体系和国民经济体系；第二步，在本世纪内，全面实现农业、工业、国防和科学技术的现代化，使我国国民经济走在世界的前列。"

这些积极成果，当时受到各种干扰，很多并没有贯彻，或者坚持贯彻下去，但它们都是改革年代探索社会主义建设道路的重要思想资源和理论准备。

两次大的曲折和挫折，则是比较典型地反映出探索社会主义建设道路的失误，主要集中在两个方面。一是"大跃进"所反映的在经济建设速度上一再急于求成，违背了中国国情和经济发展规律，有的甚至违背了基本的常识。二是"文化大革命"所反映的在处理社会主义社会阶级斗争的问题上，犯了扩大化甚至无中生有的错误，没有延续中共八大关于主要矛盾的判断及时把工作重点转移到经济建设上去。

这些失误的由来，涉及很多方面。其中一个根本性的因素就是对"什么是社会主义、怎样建设社会主义"这个问题没有搞清楚，受到传统观念的束缚，没有对经济管理体制和领导制度中的某些不适应方面及时进行改革，致使经济管理和领导体制不断走向封闭僵化。

就比较典型的经济体制方面来说。1956年建立起了权力高度集中的计划经济体制，工业生产单位根据政府的计划来组织生产。中央领导人对政府部门对企业生产管过多、过死的状况也不满意，多次采取措施，把经济管理权限下放给地方，又造成地方各自为政、地区分割的混乱局面，不得已再把权力收回。如果不引入一定的市场调节，像这样经济管理权力的一收一放，来来回回折腾，只能造成"死"和"乱"的恶性循环，让经济发展付出高昂的代价，经济发展的效率很差。

只有经过比较，才能让人感触更深，更有动力和压力。1978年五六月间，国务院副总理谷牧率团访问、考察西欧五国，他们参观80多个工厂、矿山、港口、农场、大学和科研单位，看到五国在第二次世界大战后社会各方面的变化，感受到了中国在工农业生产、交通运输、教育科学技术以及企业管理等方面与它们的差距。联邦德国威斯特伐利亚电力公司所属的一个露天煤矿给他们留下深刻印象，这个煤矿，年产褐煤5000万吨，职工只有2000人，其中矿山生产工人只有900人，40%是维修人员。最大的一台轮斗式挖掘机，只要5个人操作，一天产量就达40万吨。而中国当

1978年5月2日至6月初,国务院副总理兼国家建委主任谷牧率建国后第一个政府经济代表团考察访问欧洲五国。

时露天煤矿的生产水平,年产5000万吨煤大约需要16万名工人,两者相差80倍。

对于困扰多年的产品短缺、花色品种单调、服务质量不好等问题,在当时出访的代表团中也比较注意国外这方面的情况,比如粉碎"四人帮"之后,中国政府派出第一个大型国外经济考察团,他们去了日本,在考察中,日本人告诉他们,过去是"我卖给你",现在的口号是"我为你生产"。你需要什么品种、什么规格、什么式样,按你的需要生产。

当时的各类出访考察团在给中央的报告中,花了不少的篇幅来介绍、讲述这一类的例子,不仅表达感叹,学习、借鉴、追赶之意,也每每流露其间。

经过20多年的演变,计划管理体制越来越僵化。例如,两个生产厂家之家,哪怕地点相邻,产品上各有所需,它们之间也不能直接进行交易,而要通过各自所归属的政府部门进行协调。企业的生产、销售等方面,都没有自主权。日本经济学家小宫龙太郎曾说过一句相当有名的话:在中国不存在企业。大概是说,计划经济条件下,那些企业不是享有自主权的经营单位,不是真正意义上的企业。

后来曾任国家经济体制改革委员会副主任的高尚全,回忆过在第一机械工业部工作时,给他留下深刻印象的一个例子,沈阳有两个相邻的工厂,一个叫沈阳变压器厂,一个叫沈阳冶炼厂,这两个工厂都是政府行政主导,变压器厂需要大量的铜,由主管的一机部从云南等地调到沈阳。冶炼厂生产的铜由冶金部从沈阳调往全国各地。一墙之隔的两个厂由于行政主导,没有市场,企业没有自主权,造成资源的极大浪费。

对外,尤其到了"文化大革命"时期,渐渐走向封闭的道路。国外的很多好的东西，不是被批为"修正主义"，就是被批为"资本主义"。那一段时间，向先进国家学习先进的科学技术，会被叫作"崇洋媚外""洋奴哲学"。如此闭关自守，就难免坐井观天。1991年年初，邓小平在上海考察时，还回忆起1974年的"风庆轮事件"，他说："我跟'四人帮'吵过架，才一万吨的船，吹什么牛！一九二〇年我到法国去留学时，坐的就是五万吨的外国邮船。"一些生产工艺，也因对外封闭，而处于停滞状态。例如，原纺织工业部技术装备司副司长吴永升回忆：我国的人造纤维——统称黏胶纤维，包括长丝和短丝，其工艺技术已于20世纪60年代从东欧国家引进，单线产能有限，加上"文化大革命"时闭关自守的10年，基本上处于停滞状态。改革开放之后，看看欧洲在发展，黏胶短纤维的单线年产能3万吨以上，黏胶长丝由半连续纺发展到全自动连续纺丝，生产现场的概念可以说与聚酯纺丝的环境大致一样。我们大吃一惊，只能奋起直追。

到后来，随着改革开放的推进，这些僵化、封闭的体制和做法，被称为"老路"，党的领导人一再宣示，不走封闭僵化的老路。

不走老路，就要闯出一条新路。

第四章
杀出一条血路来

"文化大革命"结束以后,人心思变,人心思治,对"走出""文革",上上下下、方方面面,大体上能达成共识,但对"走向"何处,认识并不完全一致。

1978年年底召开的中共十一届三中全会,实现了一个伟大历史转折,决定结束"阶级斗争为纲"的治国思路,把全党工作的重心转移到经济建设上来。同时,全会作出了实行改革开放的历史性决策。

但如何搞经济建设,如何改革开放,还需要付出艰辛的努力和探索。

当时,存在着不同的可能和选择。有的认为,"文化大革命"不行,回到"文革"之前的那种建设方式,或许也还不错。有的主张,中国的制度问题太多,应当改弦易辙,仿效欧美国家的经济、社会、政治制度。有的主张,要在既有的政治制度和经验积累的基础上,重新探索一条新的建设和发展道路。当然,还有其他的各类说法。

后来,在中国共产党的重要文献中,把关于中国该走什么路的认知和选择,归纳为"老路""邪路""新路"三种说法,并且明确表示,不走封闭僵化的老路,不走改旗易帜的邪路。"新路"怎么走?也不是一下子就有共识,或者完全看得清楚的。在农村改革初期发挥过重要作用的杜润生,曾主持过几个重要农村改革文件的起草,他回忆说,当时的许多领导人,各有思考,但"小平的方案"是最好的。

邓小平的方案是什么呢?

或许他一开始也没有一个清晰的蓝图,但他主张思想要解放一点,胆子放大一点,鼓励闯,允许试,支持地方、支持基层、支持人民群众的探索。用他的一句名言来说,就是要"杀出一条血路来"。这个说法,可能并不像现在一般所引用的那样,被认

中共十一届三中全会会场

1978年12月18日至22日，中共十一届三中全会在北京举行。全会坚决批判了"两个凡是"的错误方针，高度评价了关于真理标准问题的讨论，作出了把党和国家工作重点转移到社会主义现代化建设上来和实行改革开放的战略决策，重新确立了马克思主义的思想路线、政治路线、组织路线，实现了具有深远历史意义的伟大转折。

为仅仅针对经济特区的创设、探索来说的，而可以理解为广义的关于对改革开放和社会主义现代化道路的探索。阅读史料，可以发现当时很多关于"杀出一条血路来"的说法，要么指的是探索经济管理权限的划分，要么指的是探索中国式的现代化道路。

饥饿引发的变革

人们都在说:中国改革从农村开始。

这个说法与历史事实之间,并不完全对应,但人们更愿意接受,也更容易理解。计划经济年代,农村普遍贫穷,农民相比于城市居民,得到的保障更少,吃不饱饭的情况十分常见,有的地方农民甚至外出讨饭。

在当时的农村人民公社体制下,农村种植什么要由政府来定,农民劳动由生产队统一安排,粮食由生产队来分配,农产品的剩余主要也得按规定的价格出售给国家。这种经营、分配体制无法调动农民的积极性,粮食产量上不去,束缚了生产力的发展。这是造成农村贫穷、农民吃不饱饭的一个重要原因。

农民积极性不振的基本原因,是他们的劳动付出和劳动所得之间,无法直接关联。有一个不无尖酸的顺口溜这样说:

插秧插秧,为谁插秧——

第一砘秧,插给大队书记;

第二砘秧,插给公社书记;

第三砘秧,插给县委书记;

第四砘秧,插给地委书记;

第五砘秧,插给省委书记;

第六砘秧,插给工人老大哥;

第七砘秧,插给亲人解放军;

……

第十三砘秧,这才是给我自己插的。

所谓民意闲谈中,各种描绘或者说讽刺农村平均主义、农业生产不振、农民情绪消极的民谚、顺口溜,都以一种极其直观和

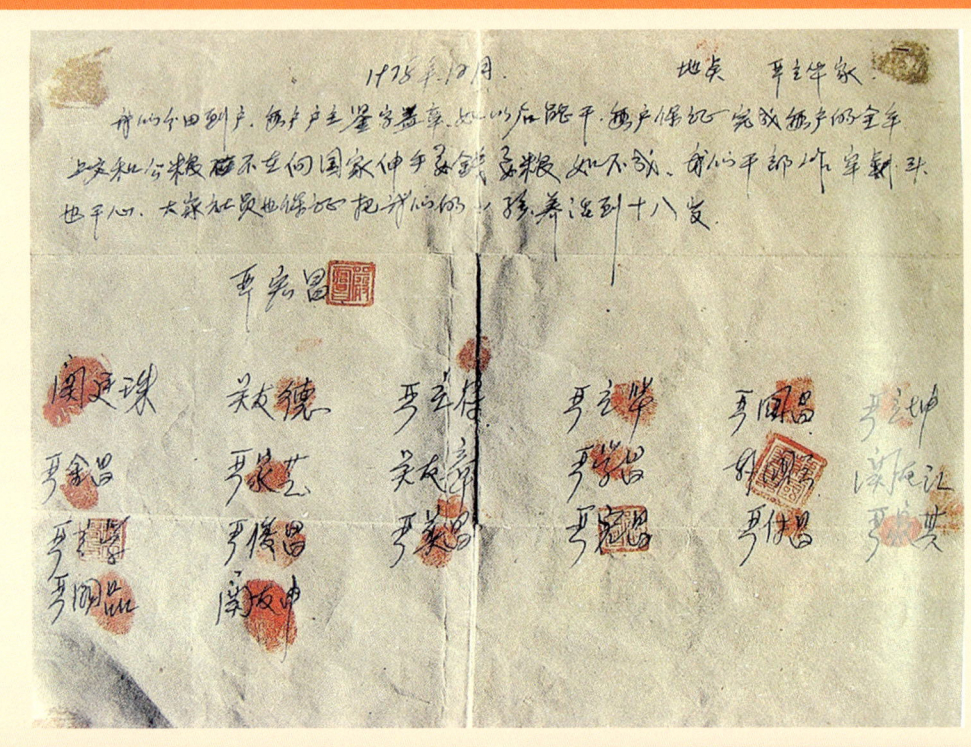

1978年,小岗村18位农民在一张契约上按下红指印,约定分田到户,率先实行农业"大包干"。

真切的方式,反映出农业和农村的困境。

农民们一直希望以家庭为经营单位,由一家一户承包集体的土地,所获得的粮食,完成规定的国家和集体任务之后,由农户自己支配。但一直得不到允许。这种经营形式的名称有多种,有

1984年国庆游行时，拖拉机载着"联产承包好"的牌子通过天安门广场。实行联产承包责任制，是中国农民的伟大创造。至1987年，全国1.8亿农户实行了责任制，占全国农户总数的98%，极大调动了农民的生产积极性。

的叫包产到户，最彻底的叫包干到户。

"文化大革命"结束后，许多地方的农民再次搞起包产到户或包干到户。其中最著名的一个典型，是安徽省凤阳县的小岗生产队。在一个冬夜，这个生产队18户农户约定包干到户，写下

四川广汉县向阳乡率先摘下乡人民公社的牌子,成立乡人民政府。农村实行联产承包责任制后,"政社合一"的人民公社体制随之解体。1980年,四川省首先在广汉县进行了人民公社政社分开、建立乡政府的改革试点。

契约，有的盖上私章，有的捺上红手印，还宣誓了连带责任，即万一领头的因这个事坐了牢，其他人要负责把他的子女养到18岁。这个故事的具体情节，有一些模糊之处，但它已经成为一个经典的故事，那份契约文书也收藏在国家博物馆，被影印后不时出现在各种展陈中。小岗农民的行动，已经成为中国农民勇于冲破旧体制束缚的一个象征。后来，在周期性的农村改革纪念活动，或者对农村改革进行重大探索时，党和国家领导人都亲赴小岗，在那里回顾历史，宣示政策，激励士气。

面对各地兴起的包产到户、包干到户等农业责任制形式，中共中央并没有像以往那样，以行政手段强制取缔，而是逐步实现了农村政策转变和体制改革。

在政策争论的关键时候，1980年5月31日，邓小平在一个谈话中讲到农村问题，支持贫困地区农民进行包产到户等责任制形式的探索和实践。这对打破思想僵化，推动农村改革发挥了重要作用。

在邓小平讲话的推动下，中央的政策不断获得重要突破。1980年9月，中共中央印发关于农业生产责任制的文件，认可贫困落后的地区可以包产到户，也可以包干到户。这是20世纪50年代中期农业合作化以后，包产到户第一次正式在中央文件中获得合法地位。以前的政策文件中，"包产到户"就是一个负面词汇，被提到时说的一般是"不许包产到户"，或者"不要包产到户"。随着实践发展和认识深入，1982年1月，中共中央的"一号文件"，正式认可包产、包干到户是社会主义集体经济的生产责任制。从这个时候起，不管是否属于贫困地区，只要农民愿意，就可以自由选择包产、包干到户的责任制形式。

到1982年11月，包产、包干到户的生产队占78.66%，其中包干到户的已经占到75%以上。包产、包干到户的实施，迅速调动了农民的积极性，提高了粮食产量，许多贫困地方，不是"一季翻身"，就是"一年翻身"。一两年后，不少农民发愁的不再是吃不饱饭，而是生产出的大量粮食卖不出去，这就又引发了农村商品流通领域的改革。

包产、包干到户这种经营体制，后来被统称为家庭联产承包责任制，20世纪90年代之后又改称为家庭承包制度。它把土地的所有权和经营权进行了划分，集体仍保持对土地的所有权，但土地的经营权按一定期限承包给农户使用。这是农村土地制度的一项重大探索、改革和创新。后来，国家又进一步把围绕农村土地的所有制、承包权、经营权分辨开来，实行三权分置。80年代初的农村改革，不仅解决了亿万农民的温饱问题，而且还释放了几亿农村剩余劳动力，没过几年，又掀起了浩大的"民工潮"。农村的非农产业，农村的工业化也得到极大的发展机会，出现了人们没有预料到的乡镇企业大发展。

划出一块地方搞特区

如果说改革在农村最早突破，那么，开放的最初最具标志意义的事件和实践，就是经济特区的创建。

深圳，原是广东宝安县（后改为深圳市）的一个小渔村，与中国香港仅一水之隔。20世纪50年代以后，不断有人从这里偷渡到中国香港，数万人逃了出去。这样的事件引发从上到下的关注和思考。1977年11月，邓小平到广东考察，当地官员汇报了日益严重的逃港问题，希望中央能派出更多的部队来维持边境秩序。邓小平指出：这是我们的政策有问题，不是部队能管得了的。

显然，发展政策和思路需要改变，才能缩小内地与香港的经济差距，才能提高人民生活水平，从而不再有逃港事件的发生。许多人、许多方面，似乎不谋而合地朝着这个方向努力。

1978年10月，交通部党组上报一份关于充分利用香港招商局问题的请示，建议简化审批手续，确定招商局就地独立处理问题的机动权；授权可以一次批准招商局动用当地贷款500万美元的权限，从事业务活动。报告获得批准后，交通部派袁庚到香港担任招商局常务副董事长。他经过调研，提出在宝安县的蛇口建立一个出口加工区的设想，得到交通部和广东省的支持。交通部和广东省联合向国务院报告，提出：招商局初步选定在蛇口建立工业区，以便利用国内比较廉价的土地和富余的劳动力，同时利用国外的资金、先进技术和原材料，把两者充分结合起来。1979年1月31日，报告获得批准。

对这样的尝试，人们还是比较谨慎的。国务院副总理李先念批准的，其实是整个南头半岛，大约30平方公里，但袁庚当时思想不够解放，没有那么大的魄力和胆量，只要了半岛南端的蛇口，一块2平方公里的弹丸之地。经过酝酿和筹备，当年7月20日，响起开山第一炮，蛇口工业区开始正式运作。

与此同时，广东省的党政领导逐步萌生了一种设想，就是实行"特殊政策"，在改革开放中"先走一步"。

1979年3月3日，广东省委召开常委会，省委书记吴南生提出建议，在汕头划出一块地方搞实验，用各种优惠的政策吸引外来投资，把国外先进的东西吸引过来。省委第一书记习仲勋表示同意，并说，全省都要搞。至于这样的实验区，到底叫什么名称合适，还没有确定。1979年4月，他在参加中央工作会议期间，向中央作了报告，要求中央能在深圳、珠海、汕头划出一部分区域实

1981年10月,深圳蛇口工业区负责人袁庚向香港中华总商会会长王宽诚等人介绍蛇口建设情况。

1980年8月26日,第五届全国人大常委会第十五次会议决定,批准国务院在广东省的深圳、珠海、汕头和福建省厦门建立经济特区。特区建设以吸引外资为主,对外来投资实行优惠政策。

邓小平视察建设中的深圳

深圳、珠海、厦门、汕头四个特区的创建为进一步扩大对外开放积累了经验。1984年1月至2月,邓小平视察了深圳、珠海、厦门三个经济特区并先后题词,肯定了特区建设所取得的成绩。

行单独的管理,给些特殊的政策,自主权大一些,作为华侨回来投资办厂的地方。

广东的设想和建议,得到了中央的支持。中央工作会议期间,邓小平对广东兴办出口加工区的意见表示赞同。并说:还是叫特区好,陕甘宁开始就叫特区嘛!中央没有钱,可以给些政策,你们自己去搞,杀出一条血路来。此后,分管对外经贸的国务院副总理谷牧,到广东、福建进行调研,为特区的创设进行准备。1979年7月15日,中共中央、国务院批转广东、福建省委关于对外经济活动实行特殊政策和灵活措施的两个报告,决定在广东的深圳、珠海、汕头和福建的厦门,划出一部分区域,试办出口特区。1980年5月,出口特区正式改名为经济特区。

在社会主义国家,划出一块地方,实行特殊的政策、全新的经济体制,这在社会主义发展和建设历史上还没有过。特区充满机遇,充满希望,但作为一种新事物,也不时面临着一些疑虑和指责。1984年1月,邓小平来南方考察,刚到广州时,他严肃地说:办经济特区是我倡议的,中央定的,是不是能够成功,我要来看一看。初到深圳,他表示:我暂不发表意见。深圳特区的繁荣景象和勃勃生机,让他感到兴奋和欣慰,在蛇口工业区,看到工业区的建设气象和深圳湾的景色,特别高兴。在此次考察中,他先后题词:"珠海经济特区好";"深圳的发展和经验证明,我们建立经济特区的政策是正确的"。

经济特区作为排头兵和试验田,为改革开放创出了一条新路。第一批经济特区取得成效后,又不断扩大对外开放,逐步形成了经济特区—沿海开放城市—沿海经济开放区—内地的全方位开放格局。创办特区以及随后的对外开放格局形成,它的意义,不仅仅在于对外开放,吸收国外的先进科技和管理知识,还在于对内改革，一定意义上可以说，经济特区的试验给中国贡献了一个新的经济体制，因为它一开始搞的就是社会主义市场经济。

允许新的经济成分发展

改革开放以前，片面强调生产资料所有制的公和纯，私营经济几乎绝迹。这种所有制结构，与生产力发展现状不能适应，致使经济缺乏活力，社会上的就业空间也越来越小。

20世纪70年代后期，全国1000多万在"文化大革命"期间上山下乡的知识青年大批回城，迫切要求安排工作。城市中新生长起来的大批劳动力的就业问题也比较困难。解决他们的就业问题，成为各级政府面临的一件紧迫的事情。由国家完全包下是不可能的。为解决这个问题，党和政府提出要广开门路、搞活经济，并提出了"三结合"的就业方针，即在国家统筹规划和领导下，实行劳动部门介绍就业、自愿组织起来就业和自谋职业相结合。其中，尤其强调要鼓励和扶植城镇个体经济的发展，并承认个体经济是公有制经济的必要补充。

大碗茶的故事一时传为佳话。1979年5月，北京大栅栏街道办事处供销组组长尹盛喜，接到了任务，要解决20多名返城知青和待业青年的就业问题。情急无奈之下尹盛喜想到，人来人往的前门箭楼前，似乎缺少一个能让人歇脚闲聊的茶水摊，产生了卖大碗茶的想法。他便组织20多名待业青年和返城青年，用一整夜的工夫搭起一个简易凉棚，取名为"青年茶社"，专卖两分钱一碗的大碗茶。此后，茶社先后发展为大栅栏青年综合服务社、北京大碗茶商贸公司。几十年后，李克强总理还在记者招待会上念及

1983年,尹盛喜(左)在北京前门卖起了大碗茶。

这一段历史,他深有感慨地说:"人民群众中有无穷创造力。回想改革开放之初,大批知青返城,就一个'大碗茶'解决了多少人的就业。"到1981年10月,全国安置2000多万人就业。在这个过程中,集体、合营、个体经济迅速发展,初步形成了以公有制为主体,多种所有制形式和多种经营方式并存的局面。

随着个体经济发展,出现了个体业务雇工的问题,这更是20世纪50年代社会主义改造完成以来一个全新的问题,在理论上和政策上都可以说是一个有待突破的"禁区"。

广东农民陈志雄承包鱼塘的事情,一度引发雇工之争。陈志雄是高要县沙浦公社的农民,1979年,他与妻子承包8亩鱼塘,此后规模不断扩大,并请了雇工。第二年承包141亩鱼塘,雇请固定工一人,临时工400个工日。第三年承包面积达497亩,雇请固定工5人,临时工1000个工日。1981年5月29日,《人民日报》发表题为"一场关于承包鱼塘的争论"的调查报告,并以"怎样看待陈志雄承包鱼塘问题"为总标题,开辟专栏。由此开始了为时3个月的讨论。尤其是围绕雇工问题的讨论最为激烈,因为1980年中央"75号文件"明确规定:"不准雇工。"

城镇个体雇工的问题,首先获得了突破。1981年7月,国务院印发《关于城镇非农业个体经济若干政策性规定》,规定:个体经营户必要时,可以请一至两个帮手,技术性较强或者有特殊技艺的,可以带两三个最多不超过五个学徒。

雇工超过限定数量的私营经济,也随之迅速发展起来,更引起了很多的质疑和指责,要求将这些私营经济进行限制和打击。面对人们的担忧,邓小平主张不争论,大胆地试,先放两年再看。

当时一个相当典型的案例,就是"傻子瓜子"问题。安徽芜湖的个体商贩年广久,绰号"傻子",他炒的瓜子味道独特,起

杀出一条血路来 | 83

在改革开放之初,作为个体经济的"傻子瓜子"曾引起激烈讨论。"傻子瓜子"的创始人年广久是改革开放中个体私营经济发展的标志性人物,被称为"中国第一商贩"。图为2018年12月12日,年广久在他的瓜子店里。

名"傻子瓜子"。随着经营规模扩大,1981年下半年雇了4个帮手,到1983年居然增加到了103人。由于规模扩大,在管理上也出现了一些问题。这种雇工多、获利大的私营企业,引起了很大震动，许多人主张采取措施，要"动"他。邓小平则不止一次谈到"傻子瓜子"问题，他说："如果你一动，群众就会说政策变了，人心就不安了。你解决了一个'傻子瓜子'，就会牵动人心不安，没有益处。让'傻子瓜子'经营一年，怕什么？伤害了社会主义吗？"

这样，私营经济获得了很大的发展空间。1987年10月召开的中共十三大明确提出了鼓励发展个体经济和私营经济的方针；次年4月，全国人民代表大会通过的宪法修正案指出：国家允许私营经济在法律规定的范围内存在和发展，私营经济是社会主义公有制经济的补充。私营经济逐步成长，到20世纪80年代后期，无论在工业生产还是整个国民经济中，都占据了重要地位。

从主张"让资本主义绝种"，到允许私营经济在法律规定的范围内存在和发展，这是解放思想和从实际出发的结果，是对社会主义认识的深化。

开始找到建设中国特色社会主义的道路

农村家庭承包经营、经济特区、非公有制经济，加上其他的改革发展新举措和新实践，这些内容，马克思主义书本上找不到，中国共产党的前一代领导者没有做过，甚至没有想过，其他社会主义国家也没有干过。可以说，基本上没有先例，但又绝不仅仅是一般性的"破例"而已，它们是基于马克思主义基本原理和中国实际紧密结合的创举。

正是在改革开放这条新"杀"出来的路上，对社会主义，对社会主义现代化，逐步产生了新的、更为深入的也更为切合中国实际的认识。

1982年9月，邓小平在中共十二大上致开幕词，他指出："我们的现代化建设，必须从中国的实际出发。无论是革命还是建设，都要注意学习和借鉴外国经验。但是，照抄照搬别国经验、别国模式，从来不能得到成功。这方面我们有过不少教训。把马克思主义的普遍真理同我国的具体实际结合起来，走自己的道路，建设有中国特色的社会主义，这就是我们总结长期历史经验得出的基本结论。"

从1956年毛泽东开始探索中国自己的建设社会主义道路，到此时"走自己的道路，建设有中国特色的社会主义"，历史相互照应，事业不断传承，到80年代初，建设社会主义的经验、认识、眼光已经远胜往昔，走自己的道路，也更为自主和自觉，更有想法和办法了。

邓小平提出的关于建设有中国特色的社会主义的思想，不仅是当时召开的中共十二大的指导思想，也构成改革开放和现代化建设整个历史时期的指导思想。从此，"有中国特色的社会主义"成为一个极具号召力和凝聚力的词汇，更成为时代的一面旗帜。在使用中也不断简化，定型为"中国特色社会主义"这个标准说法。

1987年10月中共十三大报告的标题就是"沿着有中国特色的社会主义道路前进"。大会明确指出：十一届三中全会以后，中国共产党人在总结建国三十多年来正反两方面经验的基础上，在研究国际经验和世界形势的基础上，开始找到一条建设有中国特色的社会主义的道路，开辟了社会主义建设的新阶段。

十三大以来30余年间的历次代表大会，从标题到内容，都把"中国特色社会主义"作为关键词和主题词，突出地予以强调。

邓小平在中共十二大上致开幕词
邓小平总结中国长期的历史经验,开创性地提出了"建设有中国特色的社会主义"这一崭新命题。

在探索和发展中国特色社会主义的过程中，随着实践发展、认识丰富和理论创新，中国共产党对中国特色社会主义的内涵进行了不断阐释，逐步将其细分为道路、理论、制度、文化四个部分，并明确指出，改革开放以来取得一切成绩和进步的根本原因，归结起来就是：开辟了中国特色社会主义道路，形成了中国特色社会主义理论体系，确立了中国特色社会主义制度，发展了中国特色社会主义文化。

对于中国特色社会主义道路，2007年中共十七大第一次对其科学内涵作出明确的界定，此后又有调整和丰富，其基本内涵包括：在中国共产党领导下，立足基本国情，以经济建设为中心，坚持四项基本原则，坚持改革开放，解放和发展社会生产力，建设社会主义市场经济、社会主义民主政治、社会主义先进文化、社会主义和谐社会、社会主义生态文明，促进人的全面发展，逐步实现全体人民共同富裕，建设富强、民主、文明、和谐、美丽的社会主义现代化强国，实现中华民族伟大复兴。

这些年来，人们谈论的中国道路，实际就是中国特色社会主义道路的简称。这条道路和诸多与中国元素有关的实践和理论事项，实际是紧密相关，例如"中国奇迹""中国经验""中国速度""中国模式""中国方案""中国智慧"等。

第五章
中国特色社会主义道路的宏观历程

在中国共产党的百年奋斗史上，无论搞革命、搞建设、搞改革，道路问题都是最根本的问题。这一波澜壮阔的历史进程，也可以说是持续不断的探路之旅。新民主主义革命时期，中国共产党找到了一条以农村包围城市、武装夺取政权的革命道路，社会主义革命和建设时期，找到了一条适合中国特点的社会主义改造道路，进入改革开放历史新时期，又在探索和实践中找到、坚持、拓展了中国特色社会主义道路。

中国特色社会主义道路的开创

前面说到过,有人说中国特色社会主义"始于毛,成于邓",如果把这个"成"理解成开辟、开拓、开创出一条新路,那无疑是准确的。

从宏观历史的角度看,毛泽东时代的中国社会主义实践与改革开放之后形成的中国特色社会主义之间,也不是截然对立的,而且存在着深刻的关联,用中共十八大的评价来说,前者为后者提供了宝贵经验、理论准备、物质基础。

但从另一角度看,截至改革开放之前,中国的社会主义实践确实陷入了某种困境。当时,政治局面的混乱状态还没有完全结束,体制机制陷入僵化封闭之中,经济发展缓慢,人民生活处在贫困状态。

重新回到中央领导岗位并逐步成为领导核心的邓小平,对这些问题有着深刻的认识和揭示。尤其对当时经济落后、民生困苦的状况,他更是竭力谋划解决之道。他反复强调:现在中国面临的最迫切的任务就是发展生产力。我们太穷了,太落后了,老实说对不起人民。我们是社会主义国家,社会主义制度优越性的

1984年10月1日,中华人民共和国成立35周年庆祝日,盛大游行队伍通过天安门时,北京大学游行队伍中展现出一条"小平您好"的醒目横幅。

根本表现，就是能够允许社会生产力以旧社会所没有的速度迅速发展，使人民不断增长的物质文化生活需要能够得到满足。他提出，要把党和国家的工作重点转移到社会主义现代化建设上来。

事实上，把工作重点转移到经济建设、现代化建设只是一个方面，还有一个关键的方面，就是如何搞经济、搞现代化。

邓小平给出了明确的回答。他说："如果现在再不实行改革开放，我们的现代化事业和社会主义事业就会被葬送。""'文化大革命'造成的灾难，迫使我们重新思考，重新探索，迫使我们走上改革的道路。"

在他的倡导和主导下，1978年年底召开的中共十一届三中全会作出把党和国家工作重心转移到经济建设上来、实行改革开放的历史性决策。这就彻底否定了"以阶级斗争为纲"的错误理论和实践，同时又开始了对"什么是社会主义、怎样建设社会主义"这个重大理论和实际问题的新探索。

经过如前文所述的"杀"出一条血路来的新探索，邓小平在1982年的中共十二大开幕式上发出号召："把马克思主义的普遍真理同我国的具体实际结合起来，走自己的道路，建设有中国特色的社会主义。"

这是开创中国特色社会主义道路的标志性起点。

到1987年的中共十三大，中国共产党形成了社会主义初级阶段理论，确立了党在社会主义初级阶段的基本路线，即领导和团结全国各族人民，以经济建设为中心，坚持四项基本原则，坚持改革开放，自力更生，艰苦创业，为把我国建设成为富强、民主、文明的社会主义现代化国家而奋斗。这个基本路线，有一个著名的简称，就是"一个中心、两个基本点"。可以说，这是中国特色社会主义道路最核心的科学内涵，以后正是围绕着这条路线，不断坚持和发展的。

在改革开放的早期阶段中，经济体制改革的一个核心问题，就是如何看待和发展市场经济。对此，邓小平给予了明确回答："计划多一点还是市场多一点，不是社会主义与资本主义的本质区别。计划经济不等于社会主义，资本主义也有计划；市场经济不等于资本主义，社会主义也有市场。计划和市场都是经济手段。"

1992年年初，邓小平在南方谈话中更是深刻揭示了社会主义的本质，"社会主义的本质，是解放生产力，发展生产力，消灭剥削，消除两极分化，最终达到共同富裕"。对"什么是社会主义，怎样建设社会主义"的认识，进入了一个新的境界。

关于社会主义初级阶段基本路线、社会主义市场经济、社会主义本质等问题的新认识和新判断，为中国特色社会主义道路的开辟，指明了政治方向、奠定了理论基础。理论创新和认识深化，推动了实践的变革。1978年以后，中国抛弃了"以阶级斗争为纲"，转向了以经济建设为中心，党的领导人一再强调：发展是硬道理，要聚精会神搞建设。开创了全方位的对外开放格局，吸收、借鉴和利用人类先进文明成果，引进和学习西方的先进科学技术和管理经验。改革高度集中的计划经济体制，逐步走向以市场为基础配置资源的社会主义市场经济发展道路。

中国特色社会主义道路的坚持、发展和拓展

以1956年中共八大为主要标志，探索中国自己的建设社会主义道路，本来有了一个良好的开端，但此后不久，实践和理论就偏离了中共八大原来的设定，滑向了曲折的建设之路。对此，邓

小平曾深有感慨地说：中共八大的路线是正确的，但是，由于当时党对于全面建设社会主义的思想准备不足，中共八大提出的路线和许多正确意见没有能够在实践中坚持下去。

对于1978年以后以邓小平为主要代表的中国共产党人开创的中国特色社会主义道路，一些人鉴于历史的经验，在某些特定的历史情境下，也曾产生过能否坚持下去的疑虑和担忧。比如，20世纪90年代初面对严峻、复杂的国际国内局势之时，国内国外，上上下下，关注中国是否会继续朝着市场经济方向改革，是否能坚持以经济建设为中心。另一个重要的时间节点，就是1997年初，邓小平逝世后，中国共产党能否继续高举邓小平树起的旗帜，中国的改革开放和现代化建设，能否继续沿着邓小平开创的中国特色社会主义道路走下去，更是成为全党关注、全民关心乃至世界瞩目的大事。

但从中国共产党和当代中国的大历史来看，中国特色社会主义道路并没有因为邓小平退出领导岗位乃至辞世而发生动摇，相反，继他之后的历届中共中央领导集体，在这个问题上，坚定不移，一以贯之，保持战略定力和稳定，既有承继，又有开拓，不断坚持、发展、拓展了中国特色社会主义道路。

20世纪80年代末90年代初，国际国内发生严重政治风波，世界社会主义出现严重曲折，一些西方国家对中国进行所谓"制裁"，中国社会主义事业发展面临空前巨大的困难和压力。同时，国内经济运行中存在深层次的问题尚未得到根本解决，在治理整顿期间经济发展速度有所放缓。随之而来的影响是，有人对社会主义的前途缺乏信心，有人对改革开放产生疑问。另外，还要不要坚持以经济建设为中心，也在一些人士中产生模糊认识。

在这个决定党和国家前途命运的重大历史关头，以江泽民同

全国金融工作会议会场

1997年,亚洲爆发金融危机,对中国形成严峻挑战。中共中央采取多项措施有效抵御了危机的影响,保持了国民经济较快增长。1997年11月,中央召开全国金融工作会议,制定了深化金融改革、整顿金融秩序、防范金融风险和金融危机的一系列措施。

志为主要代表的中国共产党人,团结带领全党全国各族人民,坚持党的基本理论、基本路线,加深了对什么是社会主义、怎样建设社会主义和建设什么样的党、怎样建设党的认识,形成了"三个代表"重要思想,在国内外形势十分复杂、世界社会主义出现严重曲折的严峻考验面前捍卫了中国特色社会主义,确立了社会主义市场经济体制的改革目标和基本框架,确立了社会主义初级阶段公有制为主体、多种所有制经济共同发展的基本经济制度和按劳分配为主体、多种分配方式并存的分配制度,开创全面改革开放新局面,推进党的建设新的伟大工程,成功把中国特色社会主义推向21世纪。

进入21世纪后,中国的发展呈现一系列新的阶段性特征。2003年,中国人均国内生产总值达到1000美元,因这个数字及其背后所体现的经济发展阶段和国际发展经验,引起党内党外、国内国外、政界学界的高度关注。国际经验表明,走出低收入国家并向中等收入国家迈进的时期,即人均国内生产总值从1000美元到3000美元这个时期,可能出现两种前途:一种是进入黄金发展时期,另一种是矛盾凸显时期。当时,中国共产党作出重要判断,即我国进入改革发展的关键时期。这个时期,经济体制深刻变革,社会结构深刻变动,利益格局深刻调整,思想观念深刻变化。这种空前的社会变革,给中国发展进步带来巨大活力,也必然带来这样那样的矛盾和问题。

以胡锦涛同志为主要代表的中国共产党人,团结带领全党全国各族人民,在全面建设小康社会进程中推进实践创新、理论创新、制度创新,深刻认识和回答了新形势下实现什么样的发展、怎样发展等重大问题,形成了科学发展观,抓住重要战略机遇期,聚精会神搞建设,一心一意谋发展,强调坚持以人为本、全面协调可持续发展,着力保障和改善民生,促进社会公平正义,

西藏当雄县藏族群众迎接火车驶过

中共中央和国务院在实施西部大开发战略基础上,继续推动区域协调发展。西部地区加强基础设施和生态环境建设,把资源优势转化为产业优势,推动了经济和社会全面发展。2006年7月,世界海拔最高、线路最长的高原铁路——青藏铁路全线通车,极大地便利了西藏与内地的联系,促进了西藏经济社会的发展。

推进党的执政能力建设和先进性建设,成功在新形势下坚持和发展了中国特色社会主义。

从党的十八大开始,中国特色社会主义进入新时代。当时,党和国家发展面临着复杂的形势。改革开放以后,党和国家事业取得重大成就,为新时代发展中国特色社会主义事业奠定了坚实基础、创造了有利条件。同时,外部环境变化带来许多新的风险挑战,国内改革发展稳定面临不少长期没有解决的深层次矛盾和问题以及新出现的一些矛盾和问题,管党治党一度宽松软带来党内消极腐败现象蔓延、政治生态出现严重问题,党群干群关系受到损害,党的创造力、凝聚力、战斗力受到削弱,党治国理政面临重大考验。党内和社会上不少人对党和国家前途忧心忡忡。

面对这些影响党长期执政、国家长治久安、人民幸福安康的突出矛盾和问题,以习近平同志为核心的党中央,统筹把握中华民族伟大复兴战略全局和世界百年未有之大变局,以伟大的历史主动精神、巨大的政治勇气、强烈的责任担当,统筹国内国际两个大局,贯彻党的基本理论、基本路线、基本方略,统揽伟大斗争、伟大工程、伟大事业、伟大梦想,坚持稳中求进工作总基调,采取一系列战略性举措,推进一系列变革性实践,实现一系列突破性进展,取得一系列标志性成果,攻克了许多长期没有解决的难题,办成了许多事关长远的大事要事,经受住了来自政治、经济、意识形态、自然界等方面的风险挑战考验,党和国家事业取得历史性成就、发生历史性变革。新时代的伟大变革,在党史、新中国史、改革开放史、社会主义发展史、中华民族发展史上具有里程碑意义。

党的十八大以来,国内外形势新变化和实践新发展,迫切需要中国共产党深入回答一系列重大理论和实践问题。以习近平同志

党的十八大以来,中国深入贯彻创新、协调、绿色、开放、共享的新发展理念,经济社会发展不断实现新的跃升。图为蓝天白云与绿水青山映照的浙江省东阳市。

为主要代表的中国共产党人，坚持把马克思主义基本原理同中国具体实际相结合、同中华优秀传统文化相结合，创立了习近平新时代中国特色社会主义思想。习近平总书记对关系新时代党和国家事业发展的一系列重大理论和实践问题进行了深邃思考和科学判断，就新时代坚持和发展什么样的中国特色社会主义、怎样坚持和发展中国特色社会主义，建设什么样的社会主义现代化强国、怎样建设社会主义现代化强国，建设什么样的长期执政的马克思主义政党、怎样建设长期执政的马克思主义政党等重大时代课题，提出一系列原创性的治国理政新理念新思想新战略，是习近平新时代中国特色社会主义思想的主要创立者。习近平新时代中国特色社会主义思想是当代中国马克思主义、二十一世纪马克思主义，是中华文化和中国精神的时代精华，实现了马克思主义中国化新的飞跃。

中国特色社会主义道路越走越宽广

1982年中共十二大发出走自己的路、建设中国特色社会主义的号召。从那以后，几代中国共产党人团结带领全国各族人民不懈奋斗，推动经济实力、科技实力、国防实力、综合国力进入世界前列，推动国际地位实现前所未有的提升，党的面貌、国家的面貌、人民的面貌、军队的面貌、中华民族的面貌发生前所未有的变化，中华民族以崭新姿态屹立于世界的东方。

2017年召开的中共十九大正式宣布：经过长期努力，中国特色社会主义进入了新时代，这是我国发展新的历史方位。

中国特色社会主义进入新时代，这意味着什么呢？

——意味着近代以来久经磨难的中华民族迎来了从站起来、

富起来到强起来的伟大飞跃，迎来了实现中华民族伟大复兴的光明前景；

——意味着科学社会主义在21世纪的中国焕发出强大生机活力，在世界上高高举起了中国特色社会主义伟大旗帜；

——意味着中国特色社会主义道路、理论、制度、文化不断发展，拓展了发展中国家走向现代化的途径，给世界上那些既希望加快发展又希望保持自身独立性的国家和民族提供了全新选择，为解决人类问题贡献了"中国智慧"和"中国方案"。

这个新时代，又有哪些具体的时代特征呢？

第一，它是承前启后、继往开来、在新的历史条件下继续夺取中国特色社会主义伟大胜利的时代；

第二，它是决胜全面建成小康社会、进而全面建设社会主义现代化强国的时代；

第三，它是全国各族人民团结奋斗、不断创造美好生活、逐步实现全体人民共同富裕的时代；

第四，它是全体中华儿女勠力同心、奋力实现中华民族伟大复兴中国梦的时代；

第五，它是中国不断为人类作出更大贡献的时代。

在中国特色社会主义新时代，在习近平新时代中国特色社会主义思想指引下，中国特色社会主义道路将越走越宽广。

中共十八大以来，随着国内外形势变化和我国各项事业发展，提出了一个重大时代课题，这就是必须从理论和实践结合上系统回答新时代坚持和发展什么样的中国特色社会主义、怎样坚持和发展中国特色社会主义。

其具体内容包括：新时代坚持和发展中国特色社会主义的总目标、总任务、总体布局、战略布局和发展方向、发展方式、

在迎来中国共产党成立一百周年的重要时刻,中国脱贫攻坚战取得了全面胜利,9899万农村贫困人口全部脱贫,提前10年实现联合国2030年可持续发展议程的减贫目标。图为观众参观《脱贫攻坚 共享小康全国摄影展》。

2021年2月25日,全国脱贫攻坚总结表彰大会在北京人民大会堂隆重举行。

发展动力、战略步骤、外部条件、政治保证等基本问题。与此同时，还要根据新的实践对经济、政治、法治、科技、文化、教育、民生、民族、宗教、社会、生态文明、国家安全、国防和军队、"一国两制"和祖国统一、统一战线、外交、党的建设等各个方面作出理论分析和政策指导，以利于更好地坚持和发展中国特色社会主义。正是围绕这个重大时代课题，以习近平同志为核心的党中央紧密结合新的时代条件和实践要求，以全新的视野深化对共产党执政规律、社会主义建设规律、人类社会发展规律的认识，进行艰辛的理论探索，取得重大理论创新成果，创立了习近平新时代中国特色社会主义思想。

中共十九大报告指出：大道之行，天下为公。站立在九百六十多万平方公里的广袤土地上，吸吮着五千多年中华民族漫长奋斗积累的文化养分，拥有十三亿多中国人民聚合的磅礴之力，我们走中国特色社会主义道路，具有无比广阔的时代舞台，具有无比深厚的历史底蕴，具有无比强大的前进定力。

第六章

中国式的现代化道路

实现国家的现代化，是历代仁人志士的梦想和追求，中国共产党人同样为此进行了并进行着持续不懈的奋斗。中国特色的现代化道路，正是中国特色社会主义道路的题中之义。

早在20世纪60年代，中共就提出在20世纪内全面实现农业、工业、国防和科学技术的现代化战略构想。"四个现代化"的说法和口号，一直延续到1978年改革开放之后的一段时间。

随着党的工作重心转向经济建设，以及改革开放的逐步展开，到20世纪末能否实现现代化，能实现什么样子的现代化，如何制定一个切实可行的发展战略？世人对这些问题予以高度的关注。邓小平在冷静分析中国国情的基础上对中国的现代化建设作出了新的定位，提出了中国式现代化的思想和战略，逐步形成了"三步走"的战略部署。

"三步走"现代化的战略部署及其丰富

邓小平首先思考的是20世纪末中国要实现的战略目标问题。1979年12月，他在会见日本首相大平正芳时指出："我们要实现的四个现代化，是中国式的四个现代化。我们的四个现代化的概念，不是像你们那样的现代化的概念，而是'小康之家'。到本世纪末，中国的四个现代化即使达到了某种目标，我们的国民生产总值人均水平也还是很低的。要达到第三世界中比较富裕一点的国家的水平，比如国民生产总值人均一千美元，也还得付出很大的努力。就算达到那样的水平，同西方来比，也还是落后的，所以，我只能说，中国到那时也还是一个小康的状态。"此后，考虑到人口增加的因素，国民生产总值人均1000美元的目标略微下调，降为人均800元。这就为中国的发展规划了一个既积极而又脚踏实地、切合实际的奋斗目标，从根本指导思想上纠正了以往党内长期存在的脱离中国国情的急于求成的错误。

"小康"一词出自《诗经·大雅》"民亦劳止，汔可小康"，大意是说，老百姓太劳苦，也该稍稍得到安乐了。先秦典籍《礼记》的"礼运"篇讲到上古理想社会时，分辨了"大同"

和"小康"两种状况。关于小康社会是这样描述的:

今大道既隐,天下为家。各亲其亲,各子其子,货力为己。大人世及以为礼,城郭沟池以为固。礼义以为纪,以正君臣,以笃父子,以睦兄弟,以和夫妇,以设制度,以立田里,以贤勇知,以功为己。故谋用是作,而兵由此起。禹、汤、文、武、成王、周公,由此其选也。……是谓小康。

大致是说,在小康之世,比不上"天下为公"的大同之世,但总体上也能实现社会安宁,有秩序,也产生了一些圣明的君王。

两千多年后,"小康"这一饱含中华文化深厚底蕴、富有鲜明中国特色概念被引入中国现代化的话语系统,是一件具有重要意义的大事。小康的标准,不仅指导着中国制定现代化战略规划,更把国家的现代化目标以一种十分简洁和通俗的方式,与普通百姓的生活直接联系在一起。"小康"由此成为中国现代化进程的醒目路标。

根据邓小平的设想,1982年召开的中共十二大确定了到20世纪末,力争使全国工农业年总产值翻两番,使全国人民的物质文化生活达到小康水平的战略目标。从此,在现代化的进程中,"小康""翻番""翻两番"成为凝聚人心、鼓舞士气的重要口号,在后续的发展中产生了巨大的历史影响。

随着社会主义现代化新局面的开创,邓小平对现代化的步骤问题思考和构想进一步深入,目标展望从世纪末延展到了下一个世纪。1987年4月,在会见外宾时,他第一次明确提出了现代化的"三步走"战略目标,即第一步,在20世纪80年代末翻一番,人均产值达到500美元;第二步,到20世纪末再翻一番,人均产值达到1000美元,变贫穷的中国为小康的中国;第三步,在21世纪用

30年到50年再翻两番，大体上达到人均4000美元，达到中等发达国家水平。

1987年10月召开的中共十三大进一步明确：中共十一届三中全会以后，我国经济建设的战略部署大体分三步走。第一步，实现国民生产总值比1980年翻一番，解决人民的温饱问题。这个任务已经基本实现。第二步，到20世纪末，使国民生产总值再增长一倍，人民生活达到小康水平。第三步，到21世纪中叶，人均国民生产总值达到中等发达国家水平，人民生活比较富裕，基本实现现代化。然后，在这个基础上继续前进。

经过20世纪90年代的"八五""九五"两个五年计划建设，20世纪末，中国实现了现代化建设第二步战略目标。以人民生活来说，城乡居民收入大幅度增加，农村居民家庭人均纯收入和城镇居民家庭人均可支配收入，2000年分别达到2253元、6280元，人民群众的衣食住行用消费水平不断提高，生活质量显著提升，人民生活总体上达到了小康水平。

在世纪之交，面对第二步战略目标即将完成、第三步即将展开的经济社会发展实际，1997年召开的中共十五大对第三步战略目标进行了展望和部署，即：新世纪第一个十年实现国民生产总值比2000年翻一番，使人民的小康生活更加宽裕，形成比较完善的社会主义市场经济体制；再经过十年的努力，到建党100年时，使国民经济更加发展，各项制度更加完善；到世纪中叶建国100年时，基本实现现代化，建成富强民主文明的社会主义国家。这也被称为"新三步走"或"小三步走"的战略。

也就是从这个时候起，"两个一百年"逐步成为鼓舞亿万人民团结奋斗的战略目标和精神动力，它的具体含义逐步明确为：在中国共产党成立100年时全面建成小康社会，在新中国成立100

到20世纪末,中国实现了现代化建设第二步战略目标,人民生活总体上达到了小康水平。图为20世纪90年代末的深圳。

年时建成富强民主文明和谐美丽的社会主义现代化强国。

2002年召开的中共十六大,对全面建设小康社会进行了部署。大会指出:要在21世纪头20年,集中力量,全面建设惠及十几亿人口的更高水平的小康社会，使经济更加发展、民主更加健全、科教更加进步、文化更加繁荣、社会更加和谐、人民生活更加殷实。这是实现现代化建设第三步战略目标必经的承上启下的发展阶段，也是完善社会主义市场经济体制和扩大对外开放的关键阶段。经过这个阶段的建设，再继续奋斗几十年，到21世纪中叶基本实现现代化，把我国建成富强民主文明的社会主义国家。大会明确提出：国内生产总值到2020年力争比2000翻两番。

2007年召开的中共十七大，在中共十六大确立的全面建设小康社会目标的基础上对我国发展提出新的更高要求。展望2020年时，十六大提出国内生产总值比2000年翻两番的目标，中共十七大进一步提出，要实现人均国内生产总值到2020年比2000年翻两番。

2012年召开的中共十八大，根据我国经济社会发展实际，在中共十六大、中共十七大确立的全面建设小康社会目标的基础上，又提出了新的要求，确保到2020年实现全面建成小康社会宏伟目标。大会提出，到2020年，要实现国内生产总值和城乡居民人均收入比2010年翻一番。

2017年中共十九大召开，从十九大到二十大，是"两个一百年"奋斗目标的历史交汇期，既要全面建成小康社会、实现第一个百年奋斗目标，又要乘势而上开启全面建设社会主义现代化国家新征程，向第二个百年奋斗目标进军。十九大综合分析国际国内形势和我国发展条件，提出从2020年到21世纪中叶可以分两个阶段来安排：

第一个阶段，从2020年到2035年，在全面建成小康社会的基础上，再奋斗15年，基本实现社会主义现代化。到那时，我国经济实力、科技实力、综合国力将大幅跃升，跻身创新型国家前列；人民平等参与、平等发展权利得到充分保障，法治国家、法治政府、法治社会基本建成，各方面制度更加完善，国家治理体系和治理能力现代化基本实现；社会文明程度达到新的高度，国家文化软实力显著增强，中华文化影响更加广泛深入；人民生活更为宽裕，中等收入群体显著扩大，城乡区域发展差距和居民生活水平差距显著缩小，基本公共服务均等化基本实现，全体人民共同富裕迈出坚实步伐；现代社会治理格局基本形成，社会充满活力又和谐有序；生态环境根本好转，美丽中国目标基本实现。

第二个阶段，从2035年到21世纪中叶，在基本实现现代化的基础上，再奋斗15年，把我国建成富强民主文明和谐美丽的社会主义现代化强国。到那时，我国物质文明、政治文明、精神文明、社会文明、生态文明将全面提升，实现国家治理体系和治理能力现代化，成为综合国力和国际影响力领先的国家，全体人民共同富裕基本实现，我国人民将享有更加幸福安康的生活，中华民族将以更加昂扬的姿态屹立于世界民族之林。

小康社会"全面建成"

作为中国现代化进程的醒目路标，小康社会的实现和建设，是几代人一以贯之、接续奋斗的伟大事业。从"小康之家"到"小康社会"，从"总体小康"到"全面小康"，从"全面建设"到"全面建成"，小康逐步从目标变为实现。

改革开放之初，邓小平首先用"小康"来诠释中国式现代化，1982年，党的十二大首次把"小康"作为经济建设总的奋斗目标，1987年，党的十三大制定"三步走"现代化发展战略，把20世纪末人民生活达到小康水平作为第二步奋斗目标。1992年，

喜获丰收的农民在田间抱着稻谷笑开了颜。

在人民温饱问题基本得到解决的基础上,党的十四大提出到20世纪末人民生活由温饱进入小康。1997年,党的十五大提出新的"三步走"发展战略,明确到2010年使人民的小康生活更加宽裕。经过长期不懈努力,20世纪末,人民生活总体上达到小康水平的目标如期实现。2002年，党的十六大针对当时小康低水平、不全面、发展很不平衡的实际，提出全面建设小康社会目标，小康社会建设由"总体小康"向"全面小康"迈进。2007年，党的十七大对实现全面建设小康社会的宏伟目标作出全面部署，在经济、政治、文化、社会、生态文明等方面提出新要求，全面建设小康社会的目标更全面、内涵更丰富、要求更具体。2012年，党的十八大提出，在中国共产党成立100年时全面建成小康社会，并确定了全面建成小康社会目标。由"全面建设小康"到"全面建成小康"，彰显了党团结带领人民夺取全面建成小康社会胜利的坚定决心。

小康社会建设，事关人民切身利益，事关中华民族伟大复兴战略全局，政策和策略至关重要。在不同历史时期，党科学分析面临形势，准确把握内外条件，紧密结合实际，科学制定目标和任务、政策和路径，使小康社会建设在正确路线指引下向前推进。

改革开放后，党根据中国人口基数大、国情复杂、发展不平衡的实际，正确处理和把握沿海与内地、东部与西部、先富与后富的关系，允许一部分地区、一部分人先富起来，然后带动所有地区、所有人共同富裕，走出一条"先富带后富、沿海带内地"的路子，推动人民生活质量和社会共享水平显著提升。

进入新时代，到了需要一鼓作气，向全面建成小康社会目标冲刺的关键时刻。党科学判断中国发展所处的历史方位，准确把握决胜全面小康特征，作出统筹推进"五位一体"总体布局、协调推进"四个全面"战略布局的决策部署，以全面建成小康社会为战略目标，以全面深化改革、全面依法治国、全面从严治党为战略举措，以打赢脱贫攻坚战为底线任务，深化供给侧结构性改革，推进高水平对外开放，加快构建新发展格局，推动高质量发展，团结带领人民取得全面建成小康社会胜利。

习近平总书记亲自谋划、亲自指挥、亲自推动全面小康社会建设，团结带领全党和全国人民，战贫困、促改革、抗疫情、治污染、化风险，着力提升人民群众获得感、幸福感、安全感，解决了许多长期想解决而没有解决的难题，办成了许多过去想办而没有办成的大事，党和国家事业取得历史性成就、发生历史性变革。2021年7月1日，习近平总书记在庆祝中国共产党成立100周年大会上庄严宣告，经过全党全国各族人民持续奋斗，我们实现了第一个百年奋斗目标，在中华大地上全面建成了小康社会。

全面小康，重在全面。中国的全面小康，体现发展的平衡性、协调性和可持续性，是物质文明、政治文明、精神文明、社会文明、生态文明协调发展的小康；是不断满足人民日益增长的多样化多层次多方面需求，不断促进人的全面发展的小康；是国家富强、民族振兴、人民幸福，多维度、全方位的小康。

这里，以与小康联系最紧密、最直接的人民生活来举例，可以窥见成就之巨，影响之深。

党坚持以人民为中心的发展思想，把改善人民生活、增进人民福祉作为出发点和落脚点，不断解决关系人民切身利益的突出问题，不断提升人民的获得感、幸福感、安全感。14亿多中国人民过上了几千年梦寐以求的好日子，生存权和发展权得到有效保障，幼有所育、学有所教、劳有所得、病有所医、老有所养、住有所居、弱有所扶更好实现。

人民生活水平显著提高。居民收入持续增加，全国居民人均年可支配收入从1978年的171元增加到2022年的3.69万元。城乡居民恩格尔系数分别从1978年的57.5%、67.7%下降到2022年的29.5%、33%，城乡居民生活质量不断提升。温饱问题解决后，人们对生活品质、品位有了更高的追求，衣食住行不断升级，消费结构从生存型逐渐向发展型、享受型过渡。衣，从穿暖到穿美、穿出时尚；食，从吃饱到吃好、吃出健康；住，从有所居到更敞亮、更宜居；行，从便利通畅到快捷舒适。吃穿用有余，家电全面普及，乘用汽车快速进入寻常百姓家。餐饮、健康、教育、旅游、文娱等服务性消费持续快速增长，在居民人均消费支出中占比逐渐达到一半左右。越来越多的人有"钱"有"闲"，"诗和远方"更加触手可及，"说走就走"不再是梦想，旅游扮靓人们的幸福生活，中国正在进入大众旅游时代。

就业局势长期稳定，就业质量显著提升。就业人数从1949年的1.8亿增加到2021年的7.5亿，就业规模不断扩大；从绝大多数劳动者以农业为生到第三产业就业人数占48%、城镇就业人数占62.7%，就业结构不断优化；从劳动者普遍处于文盲半文盲状态到劳动年龄人口平均受教育年限10.8年、技能人才总量超过2亿，就业人员素质大幅提高。亿万劳动者拥有自己热爱的工作，开启幸福生活的大门。从计划分配到市场就业、自由择业、自主创业，从传统就业方式到新就业形态，劳动者的就业观念深刻变革、就业空间更加广阔、就业方式日益多元。人们的兴趣爱好、特长禀赋与个人就业意愿、社会需求、国家需要更好结合，自我价值更好实现，主动性创造性显著增强，创新创造热情不断迸发。劳动者合法权益得到保障，劳动报酬保持增长，劳动所得受到保护，人们越来越有尊严地劳动、快乐地劳动，依靠自己的双手创造美好生活。从"单休制"到"双休制"，从"黄金周"到带薪年休假，劳动者休息休假权益越来越有保障，工作生活更加平衡。劳动最光荣、最崇高、最伟大、最美丽日益成为全社会的共识和行动，勤奋做事、勤勉为人、勤劳致富成为风尚，崇尚劳动、尊重劳动、热爱劳动的社会氛围更加浓厚。

教育事业蓬勃发展。从文盲半文盲大国到教育大国、迈向教育强国，从人口大国到人力资源大国、迈向人力资源强国，中国已建成包括学前教育、初等教育、中等教育、高等教育等在内的当代世界规模最大的教育体系，教育现代化发展总体水平跨入世界中上国家行列。学前教育普及率、普惠率超过84%，九年义务教育巩固率达到95%以上，高中阶段教育全面普及，区域、城乡、校际教育差距逐步缩小，从"有学上"到"上好学"、从"学有所教"到"学有优教"，中国基础教育跨越式发展，让每个孩子都能享有公平而有质量的教育正在变为现实。中国高等学校累计培养近亿名高素质专门人才，高等教育进入普及化阶段，教育水平跃升至世界中上国家水平。职业技术教育不断发展，为经济社会发展输送大量高素质技能人才，培养越来越多的能工巧匠、大国工匠。特殊教育从无到有、加快发展，残疾人享有平等受教育权正在实现。网络化、数字化、个性化、终身化的学习体系加快构建，"人人皆学、处处能学、时时可学"的学习型社会正在形成，学习逐渐成为人们的日常习惯和生活方式。中国的教育，畅通了向上流动的通道，改变了无数人的命运，实现了无数人的梦想，让人们拥有更多人生出彩的机会。

社会保障惠及全民。中国基本建成包括社会保险、社会救助、社会福利、社会优抚在内的世界上规模最大的社会保障体系，正向全覆盖、保基本、多层次、可持续的目标迈进。建成了世界上规模最大的社会保障网。住房保障力度不断加大，累计建设各类保障性住房和棚改安置房8000多万套，帮助2亿多困难群众改善住房条件，低保、低收入住房困难家庭基本实现应保尽保，中等偏下收入家庭住房条件有效改善。积极应对人口老龄化上升

2014年,中国自主研发的时速达300公里及以上的动车组投入运营。

2016年12月29日,世界第一高桥——杭瑞高速公路北盘江大桥建成通车,大桥桥面至江面高差达565米,主跨720米。

为国家战略,居家社区机构相协调、医养康养相结合的养老服务体系加快建立,多数城市社区初步形成助餐、助医、助洁等为主体的"一刻钟"居家养老服务圈,越来越多的农村社区建起村级幸福院、日间照料中心等养老服务设施,城乡普惠型养老服务、互助型养老进一步发展,广大老年人不离家、不离村就能享受到专业养老服务,老有所养、老有所依、老有所乐、老有所安的目标不断实现。残疾人权益保障更加有力,8500万残疾人同步迈入小康。儿童福利和未成年人保护体系不断完善,有力保障了儿童健康和全面发展。越织越密的社会保障安全网,充分发挥可持续的托底作用,人们工作更安心、生活更舒心、对未来更有信心。

全民健康托起全面小康。新中国成立以来,从疫病横行到可防可控,从缺医少药到病有所医,从只能本地报销到逐步异地结算,从单纯医院就医到家庭医生签约服务覆盖面不断扩大,中国医疗卫生体系逐步健全,医疗资源配置进一步优化,人们看病难、看病贵的问题逐步得到缓解。医疗技术水平和服务能力不断提升,"互联网+医疗健康"持续发展,医药价格逐步回归合理水平,越来越多的常用药、救命药纳入医保目录,人民群众看得上病、看得起病、看得好病。城乡基本医疗公共服务均等化不断推进,农村医疗卫生服务体系持续改善,医疗保障制度不断健全,农村居民看病就医有地方、有医生、有保障,因病致贫、因病返贫问题得到有效解决。健康中国行动加快推进,全民健身和全民健康持续融合,有利于健康的生活方式、生产方式、经济社会发展模式和治理模式正在形成。人民健康水平不断提升,从新中国成立之初处于世界平均水平到现在处于中等收入国家前列。中国取得抗击新冠肺炎疫情重大战略成果,中国医疗卫生体制的优越性进一步彰显,人民生命健康得到有效维护。

人民群众安全感不断提升。从社会管理到社会治理,从加快形成科学有效的社会治理体制到打造共建共治共享的社会治理格局,社会治理的社会化、法治化、智能化、专业化水平不断提升,建设更高水平的平安中国成效显著。社会治安防控体系持续完善,防控触角延伸到"最后一公里",人民群众的安全感和满意度显著提高。扫黑除恶专项斗争深入开展,打"网"破"伞"重拳出击,黑恶势力有效铲除,黑恶犯罪根本遏制,社会治安环境显著改善,法治权威充分彰显,人民群众拍手称快。小事不出村、大事不出镇、矛盾不上交,基层社会矛盾预防和化解能力显著增强。网格化管理、精细化服务、信息化支撑、开放共享的基层管理服务体系不断完善,基层治理新格局逐步形成,市域社会治理现代化稳步推进,社会治理整体效能显著提升。2020年,全国群众安全感为98.4%。中国长期保持社会和谐稳定、人民安居乐业,成为国际社会公认的最有安全感的国家之一。

全面建成小康社会,是迈向中华民族伟大复兴的关键一步。"小康梦"是中国梦的阶段性目标,没有全面小康的实现,民族复兴无从谈起。如期全面建成小康社会,标志着第一个百年奋斗目标圆满完成,为实现第二个百年奋斗目标奠定了坚实的基础,在中华民族文明史上具有重大意义,实现了从大幅落后于时代到大踏步赶上时代的新跨越。全面建成小康社会的探索,拓展了发展中国家走向现代化的路径,为解决人类问题贡献了"中国智慧"和"中国方案"。

中国是世界第二大经济体,也是拉动世界经济发展的主要引擎之一,在世界经济复苏的势头不是很稳定的背景下,中国全面建成小康社会对世界来说更有着重要意义。

中国全面建成小康社会,意味着全球人口最多的国家和世界

中国连续多年对世界经济增长贡献率超过 30%，成为世界经济增长的主要稳定器和动力源。

上最大的发展中国家经济繁荣、民生改善,这本身就是对世界和平发展的巨大贡献。同时,中国全面建成小康社会也为世界经济复苏提供了动力、创造了机遇,为构建人类命运共同体贡献了中国智慧、中国力量。

首先,中国全面建成小康社会,为全球减贫事业作出了突出贡献。改革开放以来,中国有7.7亿农村贫困人口摆脱了贫困,占同期全球减贫人口的70%以上,2020年又消除了绝对贫困现象,提前10年实现了《联合国2030年可持续发展议程》中的减贫目标,14亿多中国人民踏上全面建设社会主义现代化国家的新征程,这是人类历史上前所未有的大变革、大事件。近年来,在世界贫困人口不减反增、全球减贫事业遭遇瓶颈的背景下,中国减贫取得的成就显著缩小了世界贫困人口的版图,为全球减贫事业注入了信心和力量。

第二,中国全面建成小康社会,为世界经济增长和复苏提供了拉动力量。从2006年起,中国连续10多年成为世界经济增长的最大贡献国,连续多年对世界经济增长的平均贡献率超过30%,成为世界经济增长的主要引擎。2020年,中国国内生产总值超过100万亿元,这是克服了新冠肺炎疫情的影响,成为全球唯一实现正增长的主要经济体。

第三,中国全面建成小康社会,为世界经济繁荣发展带来了巨大机遇。中国已经成为全球第二大消费市场、第一货物贸易大国,利用外资和对外投资稳居世界前列。随着中国加快构建以国内大循环为主体、国内国际双循环相互促进的新发展格局,中国市场的潜力将日益迸发,中国开放的大门将越开越大,为世界各国提供更广阔的市场、更有力的合作契机和更宽广的发展空间。

最后,中国全面建成小康社会,为发展中国家走向现代化拓展了新的途径。经过新中国70多年特别是改革开放40多年的建设和发展，中国经济面貌从一穷二白到总量全球第二，中国人民生活从温饱不足到全面小康，迎来了从站起来、富起来到强起来的伟大飞跃。在全面建成小康社会进程中，中国创造了经济快速发展和社会长期稳定两大奇迹，这不仅给中国人民带来实实在在的好处，也大大提升了人类社会的发展水平。2019年起，中国人均国内生产总值超过1万美元，这使得世界上人均国内生产总值超过1万美元的经济体人口总量又增加了14亿人，接近30亿人，翻了近一番，这无疑是人类社会发展的巨大福音。中国全面建成小康社会的生动实践，给世界上那些既想加快发展又希望保持自身独立性的国家和民族提供了全新选择。

成功推进和拓展了中国式现代化

在新中国成立特别是改革开放以来长期探索和实践基础上，经过十八大以来在理论和实践上的创新突破，中国共产党成功推进和拓展了中国式现代化。中国式现代化的本质要求是：坚持中国共产党领导，坚持中国特色社会主义，实现高质量发展，发展全过程人民民主，丰富人民精神世界，实现全体人民共同富裕，促进人与自然和谐共生，推动构建人类命运共同体，创造人类文明新形态。

中国式现代化，是中国共产党领导的社会主义现代化，既有各国现代化的共同特征，更有基于自己国情的中国特色。实现现代化是世界各国人民的共同追求，但每个国家的历史传承、文化传统、基本国情不同，因此世界上既不存在定于一尊的现代化模式，也不存在放之四海而皆准的现代化标准。中国近代以来，许多政治力量、社会团体和仁人志士，都提出过现代化的主张和规划，有的还为之付诸实践，20世纪二三十年代还曾出现过昙花一现的现代化发展，但局限在部分地区，而且问题重重，危机四伏，难以持续。中国共产党接过现代化的接力棒，扎根中国大地，总结正反两方面经验，放眼世界，立足国内，独立自主地探索出了一条中国式的现代化道路，逐步实现了几代中国人的现代化梦想。2020年10月，习近平总书记在广东考察期间，来到汕头的开埠文化陈列馆，在孙中山《建国方略》相关规划图前驻足凝视。在这份《建国方略》中，近代中国第一个喊出"振兴中华"口号的孙中山描绘了中国现代化详细蓝图，其中的很多憧憬，已然成为现实，像铁路进青藏、公路密成网、高峡出平湖、港口连五洋、产业门类齐、"天和"驻太空、"祝融"探火星。习近平总书记感慨地说：只有我们中国共产党人实现了。

中国式现代化是人口规模巨大的现代化。根据第七次全国人口普查，2020年中国人口达到14.1亿人，约占全球总人口的18%，仍然是世界第一人口大国。这么巨大规模人口的现代化，在世界现代化史上还是首次，将改写现代化的世界版图。18世纪英国开启现代化时，人口是千万级，20世纪后美国逐渐领跑现代化时，人口是上亿级，当今世界，实现现代化的国家和地区不超过30个、总人口约为10亿人，不到全球人口的1/7。人口规模巨大是我国的基本国情，也是中国式现代化的显著特征。目前，我国劳动年龄人口平均受教育年限超过10年，居民人均预期寿命提高到78.2岁，科学家、工程师数量全球领先。这些人力资源优势不仅为经济高质量发展注入了持久动力，也为推进中国式现代化提供了强有力的保障。同时，在中国人口结构中，出现了新的特

建设中的河北雄安新区。设立雄安新区是京津冀协同发展战略的关键一环。

点,很快还需应对一个更快速的人口老龄化期。自2000年步入老龄化社会以来的20年间,老年人口比例增长了9.5个百分点,2022年,全国60岁及以上的老年人口总量为2.8亿人,已占到总人口的19.8%。中国14亿多人口整体迈进现代化社会,规模超过现有发达国家人口的总和,艰巨性和复杂性前所未有,发展途径和推进

2015年11月2日,中国自主研制的C919大型客机首架飞机在上海正式总装下线。

方式也必然具有自己的特点。

中国式现代化是全体人民共同富裕的现代化。富裕是各国现代化追求的目标,但一些发达国家搞了几百年工业化和现代化,不仅没有实现共同富裕,贫富差距反而越来越严重。共同富裕是中国特色社会主义的本质要求,也是一个长期的历史过程。中国共产党自成立之初,就肩负起为中国人民谋幸福、为中华民族谋复兴的历史使命,并把促进全体人民共同富裕作为为人民谋幸福的着力点。党的十八大以来,把逐步实现全体人民共同富裕摆在更加重要的位置上,推动区域协调发展,采取有力措施保障和改善民生,打赢脱贫攻坚战,全面建成小康社会,建成世界上规模最大的教育体系、社会保障体系、医疗卫生体系,为促进共同富裕创造了良好条件。中国已经到了扎实推动共同富裕的历史阶段。站在新的历史起点上,党中央对扎实推进共同富裕作出明确部署,到"十四五"时期末,全体人民共同富裕迈出坚实步伐,居民收入和实际消费水平差距逐步缩小;到2035年,全体人民共同富裕取得更为明显的实质性进展,基本公共服务实现均等化;到本世纪中叶,全体人民共同富裕基本实现,居民收入和实际消费水平差距缩小到合理区间。

中国式现代化是物质文明和精神文明相协调的现代化。以往一些国家的现代化,一个重大弊端就是物质主义过度膨胀,如果人只追求物质享受、没有健康的精神追求和丰富的精神生活,丰富多彩的人性蜕变为单一的物质欲望,那也是人类的悲剧。物质富足、精神富有是社会主义现代化的根本要求。物质贫困不是社会主义,精神贫乏也不是社会主义。始终坚持物质文明与精神文明协调发展,是中国式现代化的鲜明特征。改革开放以后,党坚持物质文明和精神文明两手抓、两手硬,推动社会主义文化繁荣发展,振奋了民族精神,凝聚了民族力量。党的十八大以来,中国共产党人把精神文明建设贯穿改革开放和现代化全过程、渗透社会生活各方面,全面展开精神文明建设各项工作,取得巨大成就。习近平总书记强调:"只有物质文明建设和精神文明建设都搞好,国家物质力量和精神力量都增强,全国各族人民物质生

2017年8月,宁夏回族自治区银川市西吉县白崖乡半子沟村的1300多位村民喜迁新居,落户银川市金凤区丰登镇润丰村。易地搬迁扶贫使他们告别了过去行路难、吃水难、上学难、就医难的生活,住进了美丽的新家园。

2020年6月1日,中共中央、国务院印发《海南自由贸易港建设总体方案》,中国特色自由贸易港启航。建立海南自由贸易港是彰显中国扩大对外开放、积极推动经济全球化决心的重大举措。图为航拍海南省海口市。

活和精神生活都改善，中国特色社会主义事业才能顺利向前推进。"党坚持以社会主义核心价值观引领文化建设，注重用社会主义先进文化、革命文化、中华优秀传统文化培根铸魂。建立健全党和国家功勋荣誉表彰制度，设立烈士纪念日，深化群众性精神文明创建，建设新时代文明实践中心，开展庆祝中国共产党成立一百周年、中华人民共和国成立七十周年、改革开放四十周年等活动，推动学习党史、新中国史、改革开放史、社会主义发展史，推动中华优秀传统文化创造性转化、创新性发展，加快国际传播能力建设，促进人类文明交流互鉴，等等，这些重大举措，提升了全社会的凝聚力和向心力，为新时代开创党和国家事业新局面提供了坚强思想保证和强大精神力量，也凸显出了中国式现代化精神维度的特质。

中国式现代化是人与自然和谐共生的现代化。"先污染、后治理"，曾经是许多国家工业化、现代化的过程中的深刻教训，一边创造巨大物质财富，一边无止境地向自然索取甚至破坏自然，最终遭到大自然的报复。20世纪发生在西方国家的"世界八大公害事件"，如洛杉矶光化学烟雾事件、伦敦烟雾事件、日本水俣病事件等，对生态环境和公众生活造成巨大影响。有些国家和地区，像重金属污染区，水被污染了，土壤被污染了，到了积重难返的地步。如何实现人与自然和谐共生是人类文明发展的基本问题，也是我国面临的重大时代课题之一。中国是一个发展中的大国，建设现代化国家，走欧美"先污染后治理"的老路行不通，而应探索走出一条环境保护新路。20世纪80年代初，党就把保护环境作为基本国策，进入新世纪，又把节约资源作为基本国策。经过30多年的快速发展，我国经济建设取得历史性成就，同时也积累了大量生态环境问题，成为明显的短板。人民群众对于

中国已成为全球最大的清洁能源生产国和应用国,2021年清洁能源占能源消费总量比重达到25.5%,比2012年提高了11个百分点。

净的水、清新的空气、安全的食品、优美的环境等的要求越来越高，生态环境在群众生活幸福指数中的地位不断凸显。党的十八大召开后不久，习近平总书记在广东考察工作时，就深刻指出，"我们建设现代化国家，走美欧老路是走不通的""走老路，去消耗资源，去污染环境，难以为继"。党的十八大以来，"美丽中国"纳入社会主义现代化强国目标，"生态文明建设"纳入"五位一体"总体布局，"人与自然和谐共生"纳入新时代坚持和发展中国特色社会主义基本方略，"绿色"纳入新发展理念。党把生态文明建设作为关系中华民族永续发展的根本大计，从思想、法律、体制、组织、作风上全面发力，以前所未有的力度抓生态文明建设，推动我国生态环境保护发生历史性、转折性、全局性变化。全国74个重点城市PM2.5平均浓度下降了56%，我国成为全球大气质量改善速度最快的国家。地表水Ⅰ—Ⅲ类优良水体断面比例提升了23.3个百分点，达到84.9%，接近发达国家水平。地级及以上城市的黑臭水体基本消除，人民群众的饮用水安全得到有效保障。森林面积增长7.1%，成为全球"增绿"的主力军。实施土壤污染风险管控，土壤污染加重的趋势得到有效遏制。我国以年均3%的能源消费增速支撑了年均6.6%的经济增长。可再生能源开发利用规模、新能源汽车产销量都稳居世界第一。更多地方生态环境不断得到明显改善，美丽中国的画面正在展开，长江流域"化工围江"难题加速破解，祁连山重回水草丰茂，内蒙古"一湖两海"综合治理全面推进，四川成都治理大气污染、再现"窗含西岭千秋雪"。当今的中国，"绿水青山就是金山银山"的理念成为普遍共识和行动自觉，天更蓝、山更绿、水更清，绿色正日益成为中国式现代化的鲜明底色。

中国式现代化是走和平发展道路的现代化。历史上，一些

2021年4月26日,浙江省金华市浦江县西部大山里的金融希望小学操场上,一群山里女娃在展示自己的足球冠军奖牌。

国家在实现现代化的过程中,充斥着战争、殖民、掠夺等,这种损人利己、充满血腥罪恶的现代化之路,给广大发展中国家人民带来深重苦难。经过改革开放以来的快速发展,中国经济总量位居世界第二,仅用几十年时间就取得了现代化建设辉煌成就。中

党的十八大以来，人民生活不断改善，人民获得感幸福感安全感不断增强。

国是个超大规模国家，在实现现代化的过程中，也面临很大的环境、资源、能源约束，但不断通过激发内部的社会活力、不断推进体制机制创新来解决。走和平发展道路，是中国对国际社会关注中国发展走向的回应，更是中国人民对实现自身发展目标的自

中国式的现代化道路

信和自觉。这种自信和自觉，来源于中华文明的深厚渊源，来源于对实现中国发展目标条件的认知，来源于对世界发展大势的把握。中国共产党坚定站在历史正确的一边、站在人类文明进步的一边，高举和平、发展、合作、共赢旗帜，在坚定维护世界和平与发展中谋求自身发展，又以自身发展更好维护世界和平与发展。党的十八大以来，我国始终坚持维护世界和平、促进共同发展的外交政策宗旨，致力于推动构建人类命运共同体，努力为人类和平与发展作出贡献。中国以前所未有的广度、深度、力度参与全球治理，贡献中国智慧，提供中国方案，展现中国担当。比如，高质量共建"一带一路"，打造进博会、服贸会、消博会等对外合作新平台，张开双臂欢迎各国人民搭乘中国发展的"快车""便车"；积极参加联合国维和行动，为维护世界和平和地区稳定发挥建设性作用；面对疫情冲击，向120多个国家和国际组织提供超过22亿剂新冠疫苗；宣布力争于2030年前实现碳达峰、2060年前实现碳中和，"为应对气候变化的国际努力树立了大国典范"。与国际减贫有关的"中国菌草故事"，从一个侧面诠释了中国式现代化的重要特点。菌草技术发源于福建，经过近40年的实验发展，实现了光、热、水三大农业资源综合高效利用，植物、动物、菌物三物循环生产，经济、社会、环境三大效益结合。国家菌草工程技术中心首席科学家林占熺说：从南太到非洲再到拉美，许多人通过种菌草、种菇、养畜摆脱了贫困，改变了命运。菌草技术和减贫经验已经传播到106个国家和地区。2017年，菌草技术被列为中国—联合国和平与发展基金重点推广项目，正在为落实联合国2030年可持续发展议程贡献"中国智慧"和"中国力量"，成为造福广大发展中国家人民的"幸福草"。

第七章
社会主义市场经济之路

社会主义是否能够搞市场经济？这是一个世纪性的话题。很长时间内，不论是赞同还是不赞同社会主义的人，多认为社会主义与计划经济是天然关联的。在社会主义国家内，一些主张引入一定市场调节的经济学家和政治人物，每每受到政治批判，命运坎坷。

随着拨乱反正、思想解放以及改革推进，中国共产党人给出了新的答案：社会主义可以搞市场经济，发展社会主义市场经济是中国特色社会主义道路的重要内容和显著特征。

对政府(计划)与市场关系的认识不断深入

中国经济体制改革确定什么样的目标模式,是关系整个社会主义现代化建设全局的一个重大问题。这个问题的核心,是正确认识和处理政府(计划)与市场的关系。传统的观念认为,市场经济是资本主义特有的东西,计划经济才是社会主义经济的基本特征。这种非此即彼的认知,在改革年代逐步被放弃。

1. 计划经济为主,市场调节为辅

改革之初,并没有明确提出经济体制改革的目标问题,领导人主要从改进和完善计划经济的角度,主张引入一定的市场调节机制。1979年11月,邓小平在会见外宾时明确指出:社会主义也可以搞市场经济,我们是计划经济为主,也结合市场经济。也是在这一年的早些时候,陈云曾撰写一份关于计划与市场问题的提纲,强调社会主义经济要包括计划经济和市场调节两个部分。

历史是逐步推进的,认识也是逐步深化的。这个时候说的社会主义可以搞的市场经济,与20世纪90年代之后的社会主义市场经济还不是一回事,主要是指在计划经济的前提下,允许一定的市场调节。此后,一度市场经济还成了敏感词,更多使用的还是商品经济的表述。尽管如此，这些论述为打破计划经济体制模式，探索适合中国国情的新经济体制提供了宝贵的思想启示，使中国的改革从一起步就为市场经济的发展提供了空间。

2．有计划的商品经济

随着农村改革突破、个体经济发展、经济特区创设，改革的重点转向城市，涉及整个经济体制，意味着中国将出现全面改革的局面，仅仅把市场调节作为一种辅助机制，已经不能满足现实的需求，需要对经济体制改革的目标模式和主要内容作出详细论述。1984年10月，中共十二届三中全会通过《中共中央关于经济体制改革的决定》，初步提出和阐明经济体制改革的一系列重大理论和实践问题，提出：我国社会主义经济是公有制基础上的有计划的商品经济。

"有计划的商品经济"，突破了把计划经济同商品经济对立起来的传统观念，党在计划与市场关系问题上的一个全新认识。邓小平给予极高评价，他说：这次经济体制改革的文件好，就是解释了什么是社会主义，有些是我们老祖宗没有说过的话，有些新话。1987年召开的中共十三大，进一步阐述有计划的商品经济体制，强调它是计划与市场内在统一的体制，新的经济运行机制，总体上来说应当是国家调节市场，市场引导企业。这一新论述，更加突出市场的地位和作用，有评论说，与提出有调控的市场经济，只剩一层窗户纸了。

3．市场在国家宏观调控下对资源配置起基础性作用

20世纪80年代末、90年代初，在特定的政治经济、国际国内氛围下，计划与市场关系问题再度引起激烈争论，并提出姓"社"姓"资"的疑问，对实践和认识造成一定干扰和困扰。中国经济体制改革处在一个重要历史关头。

繁华的上海南京路商业街

1984年开始,国家对部分生产资料和农副产品的购销价格实行"双轨制",推动企业走向市场。此后,商品价格由政府定价逐步转变为由市场定价,极大地刺激了商品市场和市场经济的发展和繁荣。

上海证券交易所营业大厅
20 世纪 90 年代初起,中国证券市场迅速发展起来。

邓小平高度关注着这些争论,并从更宽的视野来思考,多次谈及计划与市场的问题,尤其在1992年初的南方谈话中,讲得更简明,更深刻,他强调计划和市场都是经济手段、无关姓社姓资区别的本质,并深刻阐述了社会主义的本质。这个谈话,从根本上解除了把计划经济和市场经济看作属于社会基本制度范畴的思想束缚，有利于、也促使着进一步思考和明确经济体制改革的目标模式。

20世纪90年代初，江泽民多次主持召开座谈会，就事关中国改革发展的重大问题进行探讨。邓小平南方谈话之后，党中央积极部署落实。江泽民部署体改部门抓紧研究改革问题，同时进一步深入思考计划与市场关系问题，并与中央一些同志交换意见。1992年6月，他在中央党校省部级干部进修班上的讲话中，列举了关于建立新经济体制的几种新提法，明确表示，个人倾向于使用"社会主义市场经济体制"。接着，江泽民征求邓小平的意见，邓小平表示赞同，并指出，"实际上我们是在这样做，深圳就是社会主义市场经济"。

思想的解放和认识深化，为明确经济体制改革目标做了思想理论准备，也定下了基调。1992年10月召开的中共十四大提出中国经济体制改革的目标是建立社会主义市场经济体制，提出要使市场在国家宏观调控下对资源配置起基础性作用。大会要求围绕社会主义市场经济体制的建立，抓紧制定总体规划，1993年11月，中共十四届三中全会通过《中共中央关于建立社会主义市场经济体制若干问题的决定》，把十四大提出的经济体制改革目标和基本原则加以具体化，勾画了社会主义市场经济体制的基本框架。

明确社会主义市场经济体制的目标，在中国经济体制改革史上具有里程碑意义，对改革开放和经济社会发展发挥了极为重要的作用。把社会主义与市场经济结合起来，是中国共产党人对马克思主义的重大发展，也是社会主义发展史上的重大突破。发展社会主义市场经济，也就成为中国特色社会主义道路的重要组成部分。

党的十四大以来，对政府和市场关系，党一直在根据实践拓展和认识深化寻找新的科学定位。十五大提出"使市场在国家宏观调控下对资源配置起基础性作用",十六大提出"在更大程度上发挥市场在资源配置中的基础性作用",十七大提出"从制度上更好发挥市场在资源配置中的基础性作用",十八大提出"更大程度更广范围发挥市场在资源配置中的基础性作用"。

4. 市场在资源配置中起决定性作用和更好发挥政府作用

经过20多年实践,我国社会主义市场经济体制已经初步建立,我国社会主义市场经济体制已经初步建立,市场化程度大幅度提高,党和政府对市场规律的认识和驾驭能力不断提高,宏观调控体系更为健全。但仍存在不少问题,主要是市场秩序不规范,以不正当手段谋取经济利益的现象广泛存在;生产要素市场发展滞后,要素闲置和大量有效需求得不到满足并存;市场规则不统一,部门保护主义和地方保护主义大量存在;市场竞争不充分,阻碍优胜劣汰和结构调整,等等。

党的十八大强调必须以更大的政治勇气和智慧,不失时机深化重要领域改革,坚决破除一切妨碍科学发展的思想观念和体制机制弊端,构建系统完备、科学规范、运行有效的制度体系,使各方面制度更加成熟更加定型。党部署展开全面深化改革,在完善社会主义市场经济体制上迈出新的步伐。这就需要进一步处理好政府和市场关系,处理好在资源配置中市场起决定性作用还是政府起决定性作用这个问题。2013年党的十八届三中全会把沿用20多年的市场在资源配置中的"基础性作用"修改为"决定性作用",同时也强调,市场在资源配置中起决定性作用,并不是起全部作用,还要更好发挥政府作用。使市场在资源配置中起决定性作用和更好发挥政府作用,是一个重大的理论创新,标志着党对政府与市场关系认识达到了一个全新高度。

2016年12月,中央经济工作会议指出混合所有制改革是国企改革的重要突破口。东航物流成为民航领域首家进行混改的试点企业,图为东航物流公司员工为货机装卸货。

截至2022年12月,中国累计设立外商投资企业超过120万家,累计实际使用外资金额超过19.7万亿美元。

社会主义市场经济体制的特征

根据党的十四大的阐述和部署,中国要建立的社会主义市场经济体制具有如下特征:

就是要使市场在社会主义国家宏观调控下对资源配置起基础性作用，使经济活动遵循价值规律的要求，适应供求关系的变化；通过价格杠杆和竞争机制的功能，把资源配置到效益较好的环节中去，并给企业以压力和动力，实现优胜劣汰；运用市场对各种经济信号反应比较灵敏的优点，促进生产和需求的及时协调。同时也要看到市场有其自身的弱点和消极方面，必须加强和改善国家对经济的宏观调控。我们要大力发展全国的统一市场，进一步扩大市场的作用，并依据客观规律的要求，运用好经济政策、经济法规、计划指导和必要的行政管理，引导市场健康发展。

就具体设计来说，社会主义市场经济体制是同社会主义基本制度结合在一起的。

在所有制结构上，以公有制包括全民所有制和集体所有制经济为主体，个体经济、私营经济、外资经济为补充，多种经济成分长期共同发展，不同经济成分还可以自愿实行多种形式的联合经营。国有企业、集体企业和其他企业都进入市场，通过平等竞争发挥国有企业的主导作用。

在分配制度上，以按劳分配为主体，其他分配方式为补充，兼顾效率与公平。运用包括市场在内的各种调节手段，既鼓励先进，促进效率，合理拉开收入差距，又防止两极分化，逐步实现共同富裕。

在宏观调控上，我们社会主义国家能够把人民的当前利益与长远利益、局部利益与整体利益结合起来，更好地发挥计划和市场两种手段的长处。国家计划是宏观调控的重要手段之一。

1993年十四届三中全会通过的《中共中央关于建立社会主义市场经济体制若干问题的决定》，勾画出社会主义市场经济基本框架：在坚持以公有制为主体、多种所有制经济成分共同发展的

苏州工业园区

江苏苏州工业园区体制新颖、文化繁荣、社会和谐、环境优美,成为发展速度最快、开发水平最高、吸引外资最多的国家级开发区之一。

在历经 15 年的艰苦谈判后，2001 年 11 月 10 日，世界贸易组织第四届部长级会议在卡塔尔首都多哈审议并通过了中国加入世贸组织的决定，中国对外开放从此进入一个新阶段。

基础上，建立现代企业制度、全国统一开放的市场体系、完善的宏观调控体系、合理的收入分配制度和多层次的社会保障制度。2003年党的十六届三中全会、2013年党的十八届三中全会，又分别对经济体制改革作出深入部署，进一步完善了社会主义市场经济体制的政策体系和制度安排。

经过改革开放以来几十年的探索和努力，全国绝大多数商品和服务价格放开，市场体系茁壮发育，走向统一开放，资本、技术、劳动力、土地等要素的市场化进程加快；国企改革攻坚克难，行政管理体制改革渐次突围，财税、金融、外贸、农村、投资、社会保障、资源价格、垄断行业等领域的改革步步推进，综合配套改革试点范围不断扩大；兴办经济特区，沿海沿边沿江沿线和内陆中心城市对外开放，加入世界贸易组织、共建"一带一路"、设立自由贸易试验区、谋划中国特色自由贸易港、成功举办中国国际进口博览会，开放型经济新体制加快构建。贯穿这些重大举措、重大变革的，正是社会主义市场经济体制的逐步构建和完善。

随着中国逐步朝着市场经济体制目标迈进，有些人老是提出一个问题，表示疑惑，他们说：搞市场经济好啊，可是为什么还要在前面加上"社会主义"几个字。他们认为，"社会主义"几个字是多余的，总是感到有点不顺眼、不舒服。有的怀疑社会主义与市场经济有机结合的现实可能性。国外一些人提这种问题、有这种看法并不奇怪，因为他们看惯了西方的市场经济，也希望中国完全照他们那个样子去搞。

江泽民对西方国家来访的一些人说，我们搞的是社会主义市场经济，"社会主义"这几个字是不能没有的，这并非多余，并非画蛇添足，而恰恰相反，这是画龙点睛。所谓"点睛"，就是点明我们的

2017—2022年,中国连续成为全球货物贸易第一大国。图为全球最大的智能集装箱码头上海洋山港。

市场经济的性质。西方市场经济符合社会化大生产、符合市场一般规律的东西,毫无疑义,我们要积极学习和借鉴,这是共同点;但西方市场经济是在资本主义制度下搞的,我们的市场经济是在社会主义制度下搞的,这是不同点,而我们的创造性和特色也就体现在这里。

国外的一些有识之士,对中国市场经济的特质和意义,也给予了揭示和评价。2004年5月,曾任美国《时代》周刊资深记者的库珀·雷默撰文提出"北京共识"的概念,引起广泛关注。他认为:"中国正开辟出一条通往发展的新道路,这条道路是建立在创新、集聚非对称性力量、实现以人为本的发展和注重个人权利和责任的平衡基础之上。"他在接受新华社记者采访时说:"中国现有市场经济成分,也有社会主义经济成分。""中国是市场经济与社会主义经济的融合体。"他认为,"北京共识"的精髓是创新、大胆试验、坚持捍卫国家利益。

把社会主义与市场经济有机结合起来,这是一项伟大创举,也是一项历史性难题。1991年,英国前首相撒切尔夫人访华时曾说:"社会主义和市场经济不可能兼容,社会主义不可能搞市场经济,要搞市场经济就必须实行资本主义,实行私有化。"确实,社会主义市场经济的一个重大特点和难点是市场经济同公有制相结合,而不像以往那样市场经济都是同私有制相结合的。在改革年代再度出现的个体、私营等非公有制经济能够与市场经济结合,这没有什么疑问。最实质的问题是,公有制特别是国有制能不能与市场经济相结合、怎样与市场经济相结合?这不仅是理论难题,也是一个从未有过的实践问题。经过改革开放之后的探索和实践,党找到了股份制这一制度形式,这正是能够同市场经济结合的公有制和国有制的实现形式。1997年,党的十五大报告指出:"股份制是现代企业的一种资本组织形式,有利于所有权和经营权的分离,有利于提高企业和资本的运作效率,资本主义可以用,社会主义也可以用。"像这样的探索和创造,在探索社会主义市场经济的过程中，比比皆是。

党的十八届三中全会以来，在习近平总书记亲自领导指挥下，党中央以前所未有的决心和力度冲破思想观念的束缚，突破利益固化的樊篱，坚决破除各方面体制机制弊端，积极应对外部环境变化带来的风险挑战，开启了气势如虹、波澜壮阔的改革进程。十八届三中全会确定的目标任务全面推进，各领域基础性制度框架基本确立，许多领域实现历史性变革、系统性重塑、整体性重构，为推动形成系统完备、科学规范、运行有效的制度体系，使各方面制度更加成熟更加定型奠定了坚实基础，全面深化改革取得历史性伟大成就。社会主义市场经济体制，正是这其中的一个重要组成部分。

第八章

创造奇迹之路

近代以来的现代化过程中，许多国家、民族走过的快速发展和变革，都曾引人注目，被人们用"奇迹"来形容。例如第二次世界大战后西德的"莱茵奇迹"，韩国的"汉江奇迹"；又如东亚地区的发展，也一度被称为"奇迹"。一些发展中国家，也曾经有着骄人的现代化历程，20世纪初阿根廷、智利等国家的快速发展被称作"南美奇迹"；巴西1968—1973年的经济高速度发展时期，国民生产总值平均每年增长10%，被称为"巴西奇迹"。

然而那些发展中国家曾出现的"奇迹"，大多昙花一现，难以持续，经济社会发展很快又陷入困境，以至于像"拉美化""拉美陷阱"等成为负面经验的代名词。新中国成立以来，尤其是从1978年开始改革开放以后，中国走上了一条快速发展和转型的道路，中国共产党领导人民创造了世所罕见的经济快速发展奇迹和社会长期稳定奇迹。这两大奇迹，不仅深刻改变了中国，也深刻影响着世界，甚至有国外评论者提出了一个不无夸张却不无道理的判断：21世纪始于1978年。

经济快速发展的奇迹

如上所说,不少国家都曾出现过经济快速发展的"黄金时期",为时或长或短,有的几年,有的10年至20多年。但像中国这样,自改革开放以后持续30多年经济年增速在10%左右,持续的时间之长,在世界上是罕见的,高速增长期持续的时间和增长速度都超过了经济起飞时期的日本和亚洲"四小龙",创造了人类经济发展史上的新奇迹。1979年到2012年,我国经济年均增长率达到9.9%,比同期世界经济平均增长率高7个百分点,也高于世界各主要经济体同期平均水平。2013年至2021年,我国经济年均增长6.6%,高于2.6%的同期世界平均增速,也高于3.7%的发展中经济体平均增速,经济增长率居世界主要经济体前列。2020年,面对新冠肺炎疫情严重冲击,我国经济增长2.2%,是主要经济体中唯一保持正增长的国家。

在经济总量方面,中国实现了历史性的巨大跨越。1978年,我国国内生产总值增加到3679亿元,占世界经济的比重为1.8%,居全球第11位。改革开放以后,我国经济快速发展,1986年经济总量突破1万亿元。到1989年,这个位次没有变化,按照世界银行

改革开放40多年来,深圳由昔日小渔村发展为一座国际大都市。

公开的数据，1989年，中国经济总量排在第11名，前10名的国家分别是美国、日本、德国、法国、英国、意大利、加拿大、俄罗斯、巴西、西班牙。此后，中国的经济总量几乎是逐年超过排在前面的国家，1992年超过巴西；1993年超过俄罗斯；1995年超过加拿大；2000年突破10万亿元大关，超过意大利成为世界第六大经济体；2005年到2007年，接连超过法国、英国和德国；2010年达到412119亿元，超过日本并连年稳居世界第二。党的十八大以来，我国经济总量连续跨越70万亿元、80万亿元、90万亿元、100万亿元大关，继2020年跨越100万亿元大关后，2021年又突破110万亿元，达114.4万亿元，按不变价计算为2012年的1.8倍。2022年，经济总量突破120万亿元，经济增长快于多数主要经济体，稳居世界第二位。

在中国成为第二大经济体之后，许多人士很热衷于谈论中国何时超过美国，成为第一大经济体的话题。2014年的时候，国际上还曾热炒中国已经成为世界第一大经济体的话题。根据国际货币基金组织的测算，按照购买力平价方法计算，中国2014年的国内生产总值将达到17.632万亿美元，高于美国的17.416万亿美元，从而成为头号经济体。当然，中国还是以求真务实的态度，客观地认识到与美国之间的差距。当年新华社的一则新闻分析就指出：中国与发达国家之间仍存在几十年的经济差距。不过，类似的话题，之所以能引起热议，也从一个侧面反映了中国经济奇迹般的规模、速度增长，以及乐观的未来预期。

与经济规模快速增长紧密相关的，是中国人均产值的快速增长。中国人口众多，经济总量世界第二，但人均计算起来，显然要大幅落后于许多国家。尽管如此，在十几亿的人口基数下，中国的人均国内生产总值的增长，还是相当可观的。1978年中国人

2022年我国克服外部环境的不利影响，对外投资平稳发展，稳中有进。2022年中国对外直接投资达1465亿美元。图为由中国石化与沙特阿美公司共同投资建设的沙特阿拉伯延布炼厂。

均国内生产总值为381元人民币，仅为同期印度人均国内生产总值的2/3，是当时世界上典型的低收入国家。2022年，我国人均GDP达85698元，按年平均汇率折算达12741美元，连续2年保持在1.2万美元以上，稳居上中等收入国家行列，接近了世界银行划分的高收入国家门槛。

中国的经济增长，也是世界经济增长的重要一极，而且对世界经济增长的贡献越来越大。1961－1978年，中国对世界经济增长的年均贡献率为1.1%。1979－2012年，中国对世界经济增长的年均贡献率为15.9%，仅次于美国，居世界第2位。2013－2021年，我国对世界经济增长的平均贡献率达到38.6%，超过七国集团国家贡献率的总和，是推动世界经济增长的第一动力。中国经济韧性强、潜力足、回旋余地广、长期向好的基本面不会改变，将为世界经济企稳复苏提供强大动能，为各国提供更广阔的市场机会。2021年，中国对世界经济增长的贡献率为26.3%，比1978年提高23.3个百分点。

我国占世界经济总量的比重持续提升。2012年，我国GDP占世界经济总量的11.4%，比1978年提高了9.6个百分点。2021年我国GDP占世界比重达到18.5%。我国是世界第二大经济体、第一大工业国、第一大货物贸易国，谷物总产量、制造业规模、外汇储备稳居世界第一，服务贸易、吸引外资、国内消费市场规模世界第二，形成了全球规模最大、最具成长性的中等收入群体。以制造业为例，依托我国超大规模的市场优势和世界最大规模的中等收入群体，我国制造业的规模优势不断巩固。制造业增加值从2012年的16.98万亿元增加到2021年的31.4万亿元，占全球比重从22.5%提高到近30%，连续12年保持世界第一制造大国地位。在世界500种主要工业品中，我国有超过四成产品的产量位居世界第一。此外，按照工业体系完整度来计算，中国以拥有41个工业大类、191个中类、525个小类，成为全世界唯一拥有联合国产业分类中全部工业门类的国家，联合国产业分类中所列举的全部工业门类都能在中国找到。

2021年3月新华社报道：德国巴伐利亚州经济联合会发布研究报告指出，中国经济占全球经济比重将持续增加。报告说，中国人口众多、经济实力雄厚，在亚太地区经济及全球经济中发挥着特殊作用。2018年中国经济总量占世界经济总量比重不到1/5，而2040年中国将创造近1/4的全球经济产出。报告认为，未来20年世界消费潜力、增长动力将主要向亚太地区转移，其中中国因素十分重要。一方面，西方社会进一步老龄化，新增消费群体持续向东南转移。另一方面，中国将继续带动亚太地区经济增长，这一地区将产生最大的中高等收入人群，形成更强劲的消费力。

民生改善的奇迹

促进社会长期稳定的一个重要因素，就是中国在提高和改善民生方面取得了重大的成就。自新世纪以来，中国共产党逐步明确提出，要加快推进以改善民生为重点的社会建设。以党的十八大以来为例，近10年来，居民收入水平增长较快，生活质量提高显著。

党的十八大以来，各地区各部门持续加大就业优先政策实施力度，促进居民收入增长的各项措施接续发力，居民分享到更多经济社会发展红利，居民收入保持较快增长。我国居民人均可支配收入实现了翻番，从2012年的1.65万元增加至2021年的3.51万元，年均名义增长8.8%，扣除价格因素，年均实际增长6.6%。

全国城乡居民人均可支配收入比从2012年的2.88缩小到2021年的2.5。居民收入增长与经济增长基本同步，发展成果越来越多地惠及城乡居民，2013—2021年居民人均可支配收入年均实际增速快于人均国内生产总值增速0.5个百分点。

居民收入增长的同时，结构出现了诸多新变化、新趋势，折射出党在促进共同富裕、实现公平正义上的努力与成效。收入渠道不断拓宽，居民工资性收入、经营净收入、财产净收入等项目实现了不同程度增长。2015年，我国农村居民工资性收入首次超过经营净收入成为农村居民收入的主要途径。2021年，工资性收入占农民收入的比重已超过42%，成为农民增收的主渠道。此外，2021年的农民人均转移性收入也达到3937元，农民持续增收的长效机制正加快构建。

消费水平持续提高，消费能力不断增强。2021年全国居民人均消费支出24100元，比2012年的12054元增加12046元，人均消费支出累计名义增长99.9%，年均名义增长8.0%，扣除价格因素，累计实际增长67.4%，年均实际增长5.9%。居民收入占GDP比重，通常被用来直观反映居民收入在国民经济中的地位。当居民收入在GDP中的占比较低时，一般认为难以带动消费。换言之，居民收入占GDP比重与国民消费意愿呈现正相关趋势。从这个视角来看，我国居民收入及消费的GDP占比持续处于上升通道，一定程度反映出我国消费市场蕴藏的活力与潜力。近年来，我国消费需求不断扩大，消费结构持续优化，消费升级态势明显，消费作为经济增长第一动力的地位进一步巩固。2021年，我国最终消费支出对经济增长的贡献率为65.4%，比2012年提高10个百分点。同时，新型消费蓬勃发展，我国已连续9年成为全球规模最大的网络零售市场。

辽宁省锦州市太和区大薛乡应对农村老龄化全面落实农村老年人最低生活保障和医疗保障,大力推行"应保尽保 应保必保"农村养老保障活动,全乡农村老人月月领取退休金,天天享受新型合作医疗服务,实现了农村老人老有所养老有所医全覆盖。

居民生活质量持续提升，生活环境显著提高。以医疗服务和教育服务水平为例，随着城乡医保并轨政策的深入推进，健康中国战略的全面实施，城乡居民能够享有的医疗公共服务水平逐步提高。2021年，城镇地区有87.5%的户所在社区有卫生站，农村地区有94.8%的户所在自然村有卫生站，分别比2013年提高7.8个和13.2个百分点。城乡居民获得的教育服务水平明显改善。2021年，城镇地区有99.0%的户所在社区可以便利地上幼儿园或学前班，比2013年提高2.3个百分点；有99.2%的户所在社区可以便利地上小学，比2013年提高2.4个百分点。2021年，农村地区有90.1%的户所在自然村可以便利地上幼儿园或学前班，比2013年提高14.4个百分点；有91.3%的户所在自然村可以便利地上小学，比2013年提高10.5个百分点。

在民生改善中，有两项值得重点提出，亦即社会保障网的全覆盖和脱贫攻坚的胜利，堪称奇迹。

第一，编织起世界上最大的全民社会保障网。

新中国成立以后，中国政府高度重视社会保障工作。20世纪50年代，中国政府从救灾与救济失业工人的应急性措施起步，大力发展社会保障事业。以1951年建立劳动保险制度为标志，短短几年内建立起了一套与计划经济体制相适应的社会保障制度。计划经济时期，拥有城镇户籍人口在医疗保障方面，享受的基本是免费医疗。免费医疗又分为两块，一是党政机关和事业单位的公费医疗，二是企业的劳保医疗。在中国农村地区，则依托人民公社集体建立了社区互助共济性质的合作医疗制度，其覆盖率在20世纪70年代末一度超过90%。它为广大农民提供了基本卫生服务，因而被世界卫生组织和世界银行誉为"以最少投入获得了最大健康收益"的"中国模式"。

2020年6月18日,新疆喀什地区伽师县江巴孜乡依排克其村,努热古丽·肉孜在自家庭院里用清澈的自来水洗菜,为家人烹饪午饭。据介绍,总投资17.49亿元人民币的伽师县城乡饮水安全工程于2020年5月20日全面实现通水,解决了伽师县城乡及伽师总场47.15万民众的安全饮水问题。

随着改革开放的推进，社会保障体制改革的任务日益凸显，但很长一段时间内，它主要服从、服务于国企改革和市场体制建构。21世纪以来，中国特色社会主义事业布局发生变化。社会保障随之成为一个相对独立的工作领域，构成社会建设的重要内容。

党和政府除不断完善针对特定对象的失业、工伤、生育保险和"五保"供养等保障制度以外，更以基本医疗、基本养老和最低生活保障三项制度为重点，加快建立覆盖城乡的社会保障体系。

到21世纪初，中国基本医疗保障制度所覆盖的人群主要局限于城镇职工，农村居民和城镇非从业居民尚在基本医保之外。中共十六大以后，党和政府加快了解决这两大人群医保问题的步伐，相继开始新型农村合作医疗（简称"新农合"）和城镇居民基本医疗保险（简称"城镇居民医保"）的试点。

改革开放后，中国的养老保障制度从建立企业职工养老保险开始，经过一段时间探索，在20世纪90年代后期随着国企改革而全面推开，进入21世纪后又进行一些调整和改革。这样，企业职工养老保险的制度逐步完善起来。在中国，还有部分人一直是有养老保障的，那就是公务员和事业单位员工。不过，后者的养老保险形式，在事业单位改革中，也已发生改变。那么，没有养老保险制度覆盖的人群，主要就是农村居民和城镇居民中没有参加各类养老保险的人。随着基本医保和城乡低保的逐步建立健全，解决这两部分人的养老保险问题，也被更突出地提了出来。这便有了分别从2009年和2011年开始的新型农村养老保险（简称"新农保"）和城镇居民养老保险（简称"城居保"）的试点。

总之，21世纪以来，在推进覆盖城乡居民的社会保障体系建设过程中，党和政府工作可以归结为两大类，一是解决"从无到有"的问题，即着手建立覆盖不同人群的社会保障制度，这是重点；二是解决"从有到好"的问题，即对已有的制度进行完善，不断提高保障水平，这也有不少"看点"。经过努力，覆盖城乡居民的社会保障体系框架已经基本形成：基本养老、基本医疗、失业、工伤、生育五项社会保险制度基本建立并逐步完善，以最低生活保障为重点的城乡社会救助体系基本形成。

党的十八大提出把社会保障全面覆盖作为全面建成小康社会的重要目标。我国持续加大资金投入和改革力度，建成了世界上规模最大的社会保障体系，各项社会保险覆盖率显著提升。2022年末，全国参加城镇职工基本养老保险人数50349万人，比2012年末增加19922万人；参加职工基本医疗保险人数36242万人，增加9756万人；参加失业保险人数23807万人，增加8582万人；参加工伤保险人数29111万人，增加10101万人；参加生育保险人数24608万人，增加9179万人。基本实现全民医保，社会保障卡持卡人数超过13亿人，覆盖96.8%的人口。我国扩大社保覆盖面的成就受到国际社会高度肯定，早在2016年11月，国际社会保障协会就授予中国政府"社会保障杰出成就奖"。

第二，脱贫攻坚战取得全面胜利。

新中国成立时，国家一穷二白，人民生活处于极端贫困状态。社会主义基本制度的确立，以及农村基础设施的建设、农业技术的推广、农村合作医疗体系的建立等为减缓贫困奠定了基础。

改革开放以后，农村率先进行经济制度改革，实行家庭联产承包经营责任制，生产力得到极大解放，农民收入大幅提高，农民温饱问题逐步得以解决。以当时的农村贫困标准（每人每年200元）衡量，我国农村贫困人口从1978年年末的2.5亿人减少到1985年年末的1.25亿人；农村贫困发生率从1978年年末的30.7%下降到1985年年末的14.8%。若以现行农村贫困标准（每人每年2300元）

衡量，农村贫困人口从1978年年末的7.7亿人减少到1985年年末的6.6亿人，农村贫困发生率从1978年年末的97.5%下降到1985年年末的78.3%。

20世纪80年代中期开始，我国针对区域发展不均衡问题，确立以贫困地区为重点，实施有计划、有针对性的扶贫开发政策，先后实施了"八七扶贫攻坚计划"和两个为期10年的"中国农村扶贫开发纲要"，农村贫困程度进一步减轻，贫困人口继续大幅减少。以现行农村贫困标准衡量，2012年年末我国农村贫困人口9899万人，比1985年年末减少5.6亿多人，下降了85.0%；农村贫困发生率下降到10.2%，比1985年年末下降了68.1个百分点。

党的十八大以来，党中央、国务院以前所未有的力度推进脱贫攻坚，把贫困地区作为脱贫攻坚重点区域，聚焦深度贫困地区和特殊贫困群体，优化政策供给，下足"绣花"功夫，明确到2020年现行标准下农村贫困人口实现脱贫、贫困县全部摘帽、解决区域性整体贫困的目标任务，组织实施了人类历史上规模空前、力度最大、惠及人口最多的脱贫攻坚战。各级党委执行脱贫攻坚一把手负责制，中西部22个省份党政主要负责同志向中央签署责任书、立下军令状，省市县乡村五级书记一起抓。截至2020年底，全国累计选派25.5万个驻村工作队、300多万名第一书记和驻村干部，同近200万名乡镇干部和数百万村干部一道奋战在扶贫一线。到2020年底，现行标准下的农村贫困人口全部脱贫，区域性整体贫困得到解决，为世界减贫事业贡献了中国力量。

农村贫困人口如期全部脱贫。2013—2020年，全国农村贫困人口累计减少9899万人，年均减贫1237万人，贫困发生率年均下降1.3个百分点。2020年，面对突如其来的新冠肺炎疫情，各地区各部门按照党中央、国务院决策部署，组织贫困劳动力外出

截至2020年底,"十三五"易地扶贫搬迁任务全面完成,960多万易地搬迁贫困人口全部乔迁新居,实现了生产生活条件的

极大改善。图为贵州省湄潭县黄家坝街道田坝社区崇德小区移民安置点。

务工，开展消费扶贫行动，落实基本生活兜底保障，年初剩余的551万农村贫困人口全部脱贫，如期完成了消除绝对贫困的艰巨任务。贫困人口收入水平显著提高，"两不愁三保障"全面实现。国家脱贫攻坚普查结果显示，中西部22省（自治区、直辖市）建档立卡户全面实现不愁吃、不愁穿，义务教育、基本医疗、住房安全有保障，饮水安全也有保障，脱贫攻坚战取得了全面胜利。

区域性整体贫困得到解决。一半以上农村减贫人口来自西部地区。分地区看，2013—2020年，西部地区农村贫困人口累计减少5086万人，减贫人口占全国减贫人口的51.4%，年均减少636万人；中部地区农村贫困人口累计减少3446万人，减贫人口占全国减贫人口的34.8%，年均减少431万人；东部地区农村贫困人口累计减少1367万人，减贫人口占全国减贫人口的13.8%，年均减少171万人。区域性整体减贫成效显著。从不同贫困区域看，贫困人口相对集中、贫困程度相对较深的集中连片特困地区、国家扶贫开发工作重点县等地区同全国一起如期完成脱贫攻坚任务。2013—2020年，贫困地区农村贫困人口累计减少6039万人，年均减贫755万人，减贫规模占全国农村减贫总规模的61.0%。集中连片特困地区农村贫困人口累计减少5067万人，年均减贫633万人。国家扶贫开发工作重点县农村贫困人口累计减少5105万人，年均减贫638万人。

中国是最早实现联合国千年发展目标中减贫目标的发展中国家，为世界减贫事业作出了巨大贡献。中国对全球减贫贡献率超过七成。改革开放以来，按照世界银行每人每天1.9美元的国际贫困标准，我国减贫人口占同期全球减贫人口70%以上；据世界银行公开数据，我国贫困发生率从1981年末的88.3%下降至2016年末的0.5%，累计下降了87.8个百分点，年均下降2.5个百分点，同期全

四川省阿坝州汶川县映秀镇新貌。2008年5.12汶川大地震中，这里几乎被完全摧毁，如今曾经满目疮痍的映秀焕然一新。

球贫困发生率从42.7%下降到9.7%，累计下降33.0个百分点，年均下降0.9个百分点，我国减贫速度明显快于全球，贫困发生率也大大低于全球平均水平。

中国减贫事业为全球减贫提供了中国方案和中国经验。世界银行2018年发布的《中国系统性国别诊断》报告称，"中国在快速经济增长和减少贫困方面取得了'史无前例的成就'"。联合国秘书长古特雷斯在2021年祝贺中国脱贫攻坚取得重大历史性

2009年，世界最大规模的水利枢纽工程——三峡工程全面建成。三峡水电站是中国有史以来建设最大型的工程项目，1994年正式动工兴建，2003年开始蓄水发电。2012年7月，随着最后一台水电机组

成就的致函中指出,"中国取得的非凡成就为整个国际社会带来了希望,提供了激励。这一成就证明,政府的政治承诺和政策稳定性对改善最贫困和最脆弱人群的境况至关重要"。老挝驻长沙总领事本·印塔巴迪在《人民日报》撰文指出:"中国共产党领导的脱贫攻坚是了不起的创举,一个14亿人口的发展中大国将历史性地告别绝对贫困,这是人类发展史上的奇迹。中国的脱贫经验,对广大发展中国家消除贫困有重要启发意义。"

投产,总装机容量达2250万千瓦的三峡水电站成为全世界最大的水力发电站和清洁能源生产基地。

航拍南水北调中线工程河南省南阳市镇平县侯集镇谭寨村干渠

2021年,全国脱贫攻坚总结表彰大会在人民大会堂隆重举行。习近平向全国脱贫攻坚楷模荣誉称号获得者等颁奖并发表重要讲话。习近平总书记强调,经过全党全国各族人民共同努力,在迎来中国共产党成立一百周年的重要时刻,我国脱贫攻坚战取得了全面胜利,现行标准下9899万农村贫困人口全部脱贫,832个贫困县全部摘帽,12.8万个贫困村全部出列,区域性整体贫困得到解决,完成了消除绝对贫困的艰巨任务,创造了又一个彪炳史册的人间奇迹!

当代中国创造的引人注目的奇迹,当然不止于经济和社会方面。中国道路具有集中力量办大事的显著优势,新中国成立以来,尤其是改革开放以来,中国化解了难事,办好了喜事,办成了大事,充分发挥了社会主义制度的优越性。

2008年5月12日,四川省汶川发生里氏8.0级特大地震,造成6.9万人遇难,1.8万人失踪,受灾群众达1510万人。中国迅速组织起历史上救援速度最快、动员范围最广的抗震救灾活动。在抗震救灾斗争取得重大胜利后,党和政府迅速制订灾区灾后恢复重建计划,决定用3年时间完成灾后恢复重建任务,并动员全国力量实行对口支援。到2010年9月底,重建任务在两年内基本完成,受灾地区的基础设施和群众的生产生活大大超过灾前水平,创造了灾后重建的人间奇迹。

此外,像三峡水利枢纽、南水北调、青藏铁路、高铁等重大工程建设捷报频传。来自"一带一路"沿线的20国青年评选出他们心中的中国"新四大发明":高铁、支付宝、网购和共享单车。高铁高居榜首,成为他们最想带回国的"中国特产"。高铁作为中国制造的新名片,自2009年实施"走出去"战略以来,凭借领先的技术、过硬的品质、优质的服务,已经建立起互通互联的"世界动脉"。2012年12月1日,中国首条也是世界第一条新建高寒地区高速铁路哈尔滨——大连高铁投入运营。哈大高铁营业里程921公里,设计时速350公里,纵贯辽宁、吉林、黑龙江三省,全线设23个车站。根据最近30年的气象记录,东北三省全年温差达到80℃,是中国最为寒冷也是温差最大的地区。中国高铁在这样冷的地方经受住了考验。2014年12月26日,全长1776公里的兰新高铁全线贯通。它是世界上一次性建成通车里程最长的高铁。

再如,南水北调工程,是缓解中国北方水资源严重短缺局面的战略性工程。按照规划,南水北调工程"三路大军"从长江下游、中游、上游分东线、中线、西线三条线路调水,规划调水总规模448亿立方米,相当于北方多了一条黄河。南水北调工程于2002年12月举行开工典礼,分期实施,先期实施东、中线一期工程。东、中线一期工程先后于2013年11月15日、2014年12月12日通水,滚滚长江水分别从江都抽水站和丹江口水库一路北上,华北地区期盼了半个多世纪的南水如约而至。"50亿立方米!"2019年9月5日22时23分,北京市南水北调智能调度指挥大厅屏幕,定格了这一调水数据。50亿立方米,相当于2500个昆明湖的蓄水量。截至2022年1月7日,南水北调东、中线一期工程累计调水量500亿立方米,"南水"已成为北方40多个城市的主力水源,直接受益人口约1.2亿,生态补水缓解了北方多地河湖干涸、地下水水位快速下降等问题。

在创新战略推动下,中国重要学科前沿和战略必争项目取得一批重大自主创新成果,载人航天、探月工程、超级计算机实现重大突破。继2003年"神舟五号"飞船成功实现载人航天飞行之后,2008年9月,"神舟七号"飞船航天员成功进行中国人的第一次太空漫步。2011年11月,"神舟八号"飞船发射升空,进入预

北京时间2020年12月17日1时59分,嫦娥五号返回器在内蒙古四子王旗预定区域成功着陆,标志着中国首次地外天体采样返回任务圆满完成。图为嫦娥五号返回器搜索回收队伍合影。

定轨道,并与天宫一号完成刚性连接,形成了组合体。这是中国首次进行交会对接航天飞行任务,也是中国"三步走"空间发展战略中建造空间站的重要前提。"十一五"时期,我国成功发射"嫦娥一号"和"嫦娥二号"探测器。"嫦娥一号"的发射成功并成功传回第一幅月面图像，宣告我国首次绕月探测成功。在第二次探测中，对探月工程二期月面软着陆地区进行详细观察，为实现探月工程二期"落月巡视勘察"目标打下了基础。2020年11月，中国在文昌航天发射场，用长征五号遥五运载火箭成功发射探月工程嫦娥五号探测器，顺利将探测器送入预定轨道。嫦娥五号是负责嫦娥三期工程"采样返回"任务的中国首颗地月采样往返卫星。2020年12月，嫦娥五号任务月球样品正式交接。中国首次地外天体样品储存、分析和研究工作拉开序幕。嫦娥五号任务是"探月工程"的第六次任务，也是中国航天迄今为止最复杂、难度最大的任务之一。其有着非常重要的意义——实现中国开展航天活动以来的四个"首次"：首次在月球表面自动采样；首次从月面起飞；首次在38万公里外的月球轨道上进行无人交会对接；首次带着月壤以接近第二宇宙速度返回地球。

某种意义上可以说，中国道路就是一条不断创造奇迹的道路，甚或，中国道路本身就是一种奇迹。葡萄牙前驻华大使若泽·塔德乌·苏亚雷斯曾就中国道路说起自己的感慨："我们正在见证的是人类发展史上一个绝无仅有的发展历程。"